Yɔn në roor de cuɔl Akɔ̈l:
Once upon a time in the Jungle where the sun set

Athör akëkööl në Thuɔŋjäŋ (Thoŋ de Jiëëŋ)

By Manyang Deng

To
MY LOVELY MUM
AKON ANYAAR AYEN
THIS BOOK
IS
AFFECTIONATELY DEDICATED

Ka tɔ̈ athööric **Apäm**

1.0 Jam Aŋui ku Abiŋic 11

2.0 Thök ke reu 13

3.0 Amat de Jö ku Aŋui 17

4.0 Duut de lönh aŋau 20

5.0 Biɔl cië bël 24

6.0 Jöŋ muk yuɔɔm në ye thok 28

7.0 Riɛl de köör ku riɛl de col 31

9.0 Y̌ɔk ke ŋuan ku köör 43

10.0 Jöŋ pel ku nyaŋ 50

11.0 Agɔŋ pel ku nyaŋ cië bël 53

12.0 Awan cïn thar yöl 59

13.0 Awan ku gaŋ muk akukuäth 64

14.0 Muul ceŋ biöŋ de köör 69

15.0 Köör ku kul cië yal 73

16.0 Aŋui ku Thɔ̈k 78

17.0 Gaŋ cië yal 82

18.0 Acuïïl ku raan de dom 87

19.0 Kuëi ku areu 91

20.0 Dhuŋ ye kɔc math në boŋbaar 96

21.0 Aluɔ̈m cï ayiɛɛr nyin dɔm 100

22.0 Köör ku jöŋ kuc tëk 104

23.0 Muul, awan ku köör 109

24.0 Abiök, kuëi ku gak 114

25.0 Raan mac Jöŋkör tök 119
26.0 Boŋbar cië rɔt piɔ̈th në biöŋ amäälic 123
27.0 Nhialic cɔk kɛɛu beer töc ku ba bɛɛr wuɔ̈ɔ̈c 128
28.0 Akaca cië lööny yiith 133
30.0 Ajïnh ye dhiëth në tuɔŋ e däɣääp 144
31.0 Col baai ku col roor 148
32.0 Kɔrɔɔt dhiëër e nyop! 156
33.0 Akɔ̈ɔ̈n ku dhiëër 167
34.0 Maguar cië dhiɔp ku boŋbaar 172
35.0 Akɔ̈ɔ̈n ku rɔu aake mit röth në wiën 181
36.0 Tɔŋ de mïëth 189
37.0 Tuaany de mɛɛnh aɲui 194
38.0 Thöröt ku awan aake lɔ cuëër 199
39.0 Köör ceŋ roor de cuɔl akɔ̈l 206
40.0 Akeer ke Thoŋ de Jiëëŋ 212
41.0 Answers to multiple choices questions 215

Preface

Yɔn në roor de cuɔl Akɔ̈l: is a collection of the Dinka's (Jiëëŋ) folktales. It also included some fables borrowed from other societies and translated into Dinka. Like other African traditions, oral storytelling is very central to the Dinka (Jiëëŋ) people of South Sudan interm of imparting knowledge, taboos, and societal values across generations orally. The oral tradition in oral societies like Dinka is a form of communication where ideas, knowledge, values and cultural material is received, preserved and transmitted orally from one generaltion to the next.

The Dinka oral storytelling normally takes place in the evening when people have retired to their homesteads after long day exhausting activities. The oral stories are always narrated by adults to children as a mean of passing time and socialising with one another. The oral storytelling enables to shape both adults and children world views. It teaches adults and children the important aspect of their culture and values.

The main purpose of this book (**Yɔn në roor de cuɔl Akɔ̈l**) is an attempt to make the Dinka art of oral storytelling available in written form to children and adults who have migrated to different parts of the world. In the last four decades or so, the Dinka people have migrated to different parts of the world. Whereever the Dinka people have migrated to, they are experiencing serious challenges in term of maintaining their culture and particularly the language. This problem is not only being experience by the Dinka but it is a common problem for those who have migrated to other lands. What the Dinka adults can do now in term of maintaining their culture and language is what will determine the existence of Dinka people in the countries they have migrated to. This is a serious challenge to all adults Dinka but only few took note of it.

Majority of the pictures used for illustration in this book are not copy righted to this book. They were sourced from the public domain and they are still available for public consumption. Some of the pictures used for illustration were bought to gain authrorisation of using them in this book.

Manyang Deng Biaar

PERTH WA, MAY, 2020

Dear reader,

I take this moment to say thank you for taking a portion of your precious time to go through this book. I thank you once more if you take your time to read this book to young children near you who are at greater risk of losing the Dinka language and culture. Your language is your culture. If your children lost the language they have lost the culture and they will be lost forever. As Rita M. Brown stated, *"Language is the road map of a culture. It tells you where its people come from and where they are going"*. The life long precious gift you can give to your children is to teach them your language. Your language is your true identity where other foreign languages you have learnt find meanings.

If you are living in distance countries such as Australia, North America and Europe you have a very limited time to teach your children your language. You are very busy with work and other challenges of the new home and so do your children who are busy with their schools right from kindergarden.

Based on my own observations and experience, the South Sudanese in general are losing their indigenous languages at faster rate compare to other African communities in the countries they have migrated to. South Sudanese seem to embrace other languages at the expense of their own indigenous languages. One of the main reasons for this faster decline is neglect of South Sudanese indigenous languages at home. It is your responsibility as a parent to make sure your children learn the Dinka language. Use Dinka as a language of communication within your house. Make your children understand the important of their mother tongue and culture before embracing the new cultures which are equally important.

A successful person doesn't have free time for accomplishing things deemed less important. A successful person is the one who manage his/her time efficiently by fitting in all the must do activities within the tide schedules he/she have. You will never find free time to teach your language and culture. The best time you have is now when you see yourself too busy to teach children your language. It is now or never. It is a race against time. Without you knowing, your children will grow into young adults and enter the workforce where they will have no time to learn the Dinka language and culture.

I am concluding by relaying to you the statement by Ludwig Wittgentein that, "The limit of my language mean the limit of my world". It is your responsibility as a parent not to limit the world of your children by denying them opportunities to learn the Dinka (Jiëëŋ) language and culture.

Manyang Deng Biaar

PERTH WA, MAY, 2020

Acknowledgements

I take this opportunity to thanks all individuals who have participated in the production of this book in one way or another. During the compilation of this book, I have listened to many oral stories from different people. I personally requested some individuals to narrate some folktales to me and they willingly did. This book was a collective effort of different individuals and as such they deserve great appreciation from me and from those who may find this book beneficial for them and their children.

The few individuals who stood out in the production of this book include my lovely mother Akon Anyaar Ayen. The contribution of my mum was very instrumental in the production of this book. I sat with her many times and request her to narrate to me any oral stories she still remember from her childhood and she willingly did. My mother is a great storyteller. She narrated to me many stories. Some of the oral stories she narrated to me are included in this book and some will be included in the next oral stories' books.

I have to also thank my little brother Chol Deng Biaar for his worthwhile contribution to the production of this book. Chol narrated many oral stories that are included in this book. Chol was also instrumental in putting together the oral stories narrated by incase mum forget some part of the oral stories.

I am also thanking Revd Mathews Mading Malok for his input to the production of this book. Revd Mathews was moved by the idea when I told him for the first time that I was going to compile the Dinka folktales into book for our children. He volunteered many oral stories with great moral lessons some of which are included in this book.

Last but not least, I am thanking Peter Lual Deng the founder and CEO of Africa World Books for making the publication and global distribution of this book possible. Without the service of Africa World Books, the production of this book could have not been realized. I greatly value the services being offered by Africa World Books.

1.0 Jam Aŋui ku Abiŋic

Na yɔn ke aŋui acï cɔk nɔ̈k arët. Aŋui acië rëër në nïn juëc ke cïn kë cië cam. Na yɔn ke tak ye nom bë lɔ wut aköl, bë cuëër në yɔ̈k. Aŋui acï cɔk mɔ̈ɔ̈r piɔu. Akuc aŋui man adëk ke bï kɔc ke yɔ̈k tïŋ ku cop kë roor. Na yɔn kɔɔr bë aŋui cop në wut thok ke yök Abiŋic ke kääc panom. Abiŋic acië toŋke dhiëth në gööric në panom lɔ̈ɔ̈m. Abiŋic acië bën dieɛr në wët ben Aŋui toŋke käc yiic. Abiŋic acië bën kiu, "duɔ̈k kë ye cath e path path! Duɔ̈k kë ye cath e pathpath! Duɔ̈k kë ye cath e pathpath! Duɔ̈k kë toŋ ke kɔc kɔ̈k bë käc yiic"

Aŋui acië abiŋic bën lïïc ku cï bëër. Aŋui acië bën cath ke cik ye nom wutic bë lɔ cuëër në yɔ̈k. Aŋui alɔ ke tak ye nom në të ben kë bë cam yök. Acï aŋui bën tak ke kiu de abiŋic cɔl ye jam de diɛt ke akäm yïth.

Na wën cï Abiŋic tïŋ ke cï Aŋui miëm, go tak bë Aŋui akiɛɛu. Acï Abiŋic bën tak bë Aŋui guɛɛl ago kɔc wut ŋic man lɔ Aŋui cuëër në yɔ̈k. Abiŋic acië bën jam ke aŋui cië man cen në ye nyuɔɔth piinyë:

Abiŋic: Aŋui alɔ wut, e yaa.

Aŋui: Ya lɔ wut e man në, ca lɔ dek?

Abiŋic: Ye lɔ dek man në, tɔ̈ wëër wutic?

Aŋui: Abiŋic bit yïthok, yïn ba miɔɔc thok në gɔ̈yɔ̈ɔ̈k.

Abiŋic: Ye ɣa miɔɔc thok në gɔ̈yɔ̈ɔ̈k, naŋ thok lec?

Aŋui: Abiŋic bit yï thok yïn ba nyiëi thok, në gɔ̈yɔ̈ɔ̈k.

Abiŋic: Ye ɣa nyiëi thok në gɔ̈yɔ̈ɔ̈k, në thoŋ nhiɛɛny adhia ŋiɛc.

Aŋui acï kɔc wut bën moth ku cop kë wei bë ɣɔ̈k cuɔ̈k cam. Aŋui acië bën kat ke cik ye nom roor. Aŋui acië piɔ̈u bën rac të nɔŋ Abiŋic arët. Acï Aŋui bën ŋic ke ye Abiŋic yen e cɔk ye dɛk kë, në kɔc wut. Aŋui acië ciëm de bën wuɔ̈ɔ̈c në ye kööl ë, cië man de köör ɣɔn cië ciëm de wuɔ̈ɔ̈c.

1.1 Thëm de nom

1.1.1 Dhuk ye thiëc tɔ̈u piinykë:
1) Ye yï ŋa jiɛɛm akëkölke?
2) Ye yic, aŋui lɔ wut bë lɔ dek?
3) Yeŋö e cï ŋui lueel ye bë yiën abiŋic?
4) Yeŋö e yen abiŋic jai në gɔ̈yɔ̈ɔ̈k?
5) Yeŋö e yen abiŋic jai bë nyiëi thok në gɔ̈yɔ̈ɔ̈k?
6) Yeŋö piööc akëköl?
7) Yeŋö e yen abiŋic rëër në panom yɔu?
8) Abiŋic cië toŋke dhiëëth të nou?
9) Yeŋa cië piɔ̈u riääk akëkölic?
10) Nɔŋ weŋ cï aŋui bën cam?
11) Yeŋa e cɔk kɔc wut dɛk aŋui maŋɔl?

1.1.2 Yeŋö ye luɛɛl de ke wël tɔ̈u piinykë?

Aŋui	Panom
Abiŋic	Lɔ̈ɔ̈m
Köör	Weŋ

Göyöök	Guɛɛl
Miɔɔc	Kiɛɛu
Wut	Miëm
Wëër	Wuööc
Nhiany	Dhiëëth
Nhiɛɛny	Göör

2.0 Thök ke reu

Na yɔn në kööl tök, ke thök ke reu aake kɔɔr bïk kë wëër teem. Thɔ̈k tök, atɔ̈ në wëër lɔŋë, ku töu thɔ̈k kë në wëër lɔŋë. Wëër acië thiäŋ në pïu arët. Na ye pël thök ke nyïn piny, go kë tim ŋëm ke cië wïïk. Tim acië wïïk abë wëër teem köu. E tim ë, aye tim koor köu. Aacï thök bën tak bï kë wëër teem keke kuany tim köu. Thɔ̈k tök acië bën lööny piny agör lɔŋë ku lööny thök dët të piny agör lɔŋë. Thök aacië bën rɔ̈m piny ciɛl në tim köu. Thök akën röth bën lëu në pët në ŋö tim akoor köu. Thök aacië bën thɔ̈ɔ̈r në tim köu. Aacië bën ya yɔɔt nhial ku deeny këke nhïïm. Aacië bën thɔ̈ɔ̈r arët keke cï diɛɛr agut bë tim köu dhuɔɔŋ. Thök aacië bën lööny wïïr kedhia wen cen në tim köu dhuɔɔŋ. Thök aacï kuëër ke bën jɔt. Aacië bën mou kedhia.

Kë piööc akëköl: Riɛl de nom ku ciën pët de röth, e kɔc cɔk yök kë rac ke. Apieth bë ŋɛk ŋek ya pät në riëëu. Na ca kë röth pët, ke we lööny wïïr cië man de ye thök tɔ̈u akëkölic kë. E tiɛɛl de thäk beu yen acië ke thök tɔ̈u akëkölic cɔk mɔu. Të cï ke röth pät, e dë cï kë wëër teem kedhia.

2.1 Thëm de nom
2.1.1 Lɔc töŋ ye yic në ye ka tɔ̈u piinykë yiic:
1. Ye thök kedï, keke kɔɔr bï kë wëër teem?
   a) 4
   b) 3
   c) 2
   d) 1
2. E thök tɔ̈ lɔŋ nou?
   a) Thök aake tɔ̈ në wëër lɔŋ tök
   b) Thök aake tɔ̈ në tim thar
   c) Thɔ̈k tök atɔ̈ në wëër lɔŋ tök ku thök dëtë atɔ̈ në wëër lɔŋë
   d) Thök aake tɔ̈ në tim köu kedhia
3. E wëër cië thiäŋ në ŋö?
   a) Wëër acië thiäŋ në rec
   b) Wëër acië thiäŋ apai
   c) Wëër acië thiäŋ në marumtoc
   d) Wëër acië thiäŋ në pïu
4. Yeŋö cï thök bën looi yɔn cï kek röm piny ciɛl?
   a) Aacië bën thɔ̈ɔ̈r ku cïn raan kɔɔr bë ŋɛk pät
   b) Thök aacië bën thɔ̈ɔ̈r arët
   c) Thök aacië röth bën pät
   d) Thök aacië bën yɔɔt wïïr
5. Yeŋö cï thök bën tïŋ yɔn cï kek ke nyïn päl piny?
   a) Aacië tim bën tïŋ ke cië wïïk ke cië wëër teem köu

        b) Aacië wëër bën tïŋ ke cië thiäŋ në rec

        c) Aacië wëër bën tïŋ ke cië thiäŋ në pïu

        d) Aacië nyaŋ bën tïŋ wïïr

6. Yeŋö cï thök bën tak ɣɔn cï kek tim tïŋ ke cië wëër teem köu?

        a) Aacië wëër bën teem keke kuany ke cök

        b) Thɔ̈k kë acï bën lööny piny në wëër lɔŋë, ku lööny thɔ̈k kë piny në wëër lɔŋë

        c) Thɔ̈k tök yen acië wëër bën teem

        d) Thök aacië wëër bën teem kedhia

7. Cië thök bën rɔ̈m piny të nou?

        a) Aacië bën rɔ̈m piny në wëër thok

        b) Aacië bën rɔ̈m piny në wëër ciɛlic

        c) Aacië bën rɔ̈m piny në wëër nom

        d) Aakën bën rɔ̈m piny

8. E thök thäär yedï?

        a) Aake ye röth thany

        b) Aake ye ke thäär miɛɛt ciëën ku deenykë ke nhïïm

        c) Aake yɔɔt nhial ku deenykë ke nhïïm

        d) Aake ye röth kac në ke lec

9. Yeŋö cië bën yiën dï ɣɔn thëër e thök në tim köu?

        a) Thök aacië bën lööny wïïr kedhia

        b) Tim acië köu bën dhuɔɔŋ

        c) Thök aacië bën lööny wïïr ku mou kë kedhia

        d) Aaye keka tɔ̈ nhial kë kedhia

10.   Yeŋö cië bën yiën dï ɣɔn cen në thök lööny wïïr?

        a) Thök aacï kuëër ke bën jɔt

        b) Thök aacië bën mou

c) Thök aacië wëër bën teem keke kuaŋ
d) A & B aaye yith

2.1.2 Dhuk ye thiëc tö piiny kë nhïïm:
1. Ye thök kedï keke tem wëër?
2. Yeŋö cï thök bën looi ɣɔn cïk ke rɔ̈m piny ciɛl?
3. Ye yi ŋa jiɛɛm akëköl ke?
4. Yeŋö piöc akëköl wɔ?
5. Cië tim bën yiën dï ɣɔn cen në thök thɔ̈ɔ̈r?
6. Cië thök wëër bën teem?
7. E thök thäär yedï?
8. Yeŋö cië bën yiën dï ɣɔn cen në thök thɔ̈ɔ̈r?
9. E thök tö, në lɔŋ tök?
10. Yeŋö ca nhiaar akëköic?

2.1.3 Yeŋö ye luɛɛl de ke wël töu piinykë, cië man tö kek akëkölic?

Thök	"Bë ŋek ŋek"
Thɔ̈k	Göör
Ɖö	Dhuɔɔŋ
"lööny piny"	Tïŋ
"lööny kë wïïr"	Ɖëm
Wëër	tem
Pël	teem
Tim	thɔ̈ɔ̈r
Diɛɛr	ciɛl

3.0 Amat de Jö ku Aŋui

Na ɣɔn ke Jö ku Aŋui aake cië mat. Aake cië të bï Aŋui Jö ya cam thïn mat. Acï Jö bën lëk Aŋui, "Na yök ɣɛɛn ke ɣa nyan kuuric ke yïn ca ɣoi, cam ɣɛɛn" Aŋui acië piɔ̈u bën miɛt arët wën cen wët cï jö lëk ye piŋ.

Go Jö bɛɛr lëk Aŋui, "Na yök ɣɛɛn ke ɣa cië ɣa nom luɔ̈t në doŋic ke ɣɛn daai në yïïn, duk them ba ɣa cam". Acï Jö bën ŋot ke lëk Aŋui lueel, "Na yök ɣa ke nɔŋ kë can ɣa nom luɔ̈t thïn ke ɣɛn daai në yïïn, duk them ba ɣa cam". Aŋui acië piɔ̈u bën bɛɛr miɛt në wët dët cï Jö bɛɛr lëk ke.

Në ye mɛɛn, na yök Aŋui Jö ke nyan doŋic keka ye göör thok lueel ye ɣoi jö. Na yök Aŋui Jö ke nɔŋ kë cen ye nom luɔ̈t thïn keka göör thok lueel ye daai Jö në yeen. Na yök Aŋui Jö ke nyan kuuric, keka yöt Aŋui yic kɔɔr bë cam ke Jö akɛtwei. Na yöt Aŋui Jö yic, ke Jö akat, dëëny Aŋui.

3.1 Thëm de nom
3.1.1 Lɔc töŋ ye yic në ye ka cië ke thïïc piinykë yiic:

1) Yeŋö yen aŋui jö göör thok të cen ye yök ke nyan doŋic?
   a) Aŋui e riɔ̈ɔ̈c në jö
   b) Aye aŋui lueel ye ɣoi jö
   c) Aye jö lueel ye ɣoi aŋui
   d) Aye jö lueel ye daai aŋui në yeen

2) Yeŋö yen Aŋui Jö yötic të cen ye yök ke nyan kuuric?
    a) Aye aŋui lueel ye cï jö ɣoi
    b) Aye jö lueel ye cï aŋui ɣoi
    c) Aye jö lueel ye cï aŋui daai në yeen
    d) Aye aŋui lueel ye cië jö riöös të nyɛn yen kuuric

3) Yeŋö e mɛt jö ku aŋui?
    a) Aake mat të bï jö ya cäm aŋui
    b) Aake mat të bï aŋui ya cäm jö
    c) Aake mat të bï kë ya cäm läi kɔk
    d) Aacïn kë e cïk kë mat

4) Ye läi kou jiɛɛm akëkölke?
    a) E jö ku baak
    b) E aŋui ku jö
    c) E jö ku aŋau
    d) E aŋui ku dhök

5) Yeŋö cï jö bën lëk aŋui të cen ye yök ke nɔŋ kë nyɛnic?
    a) "Na yök ɣa ke ɣa cië ya nom luɔt në doŋic ke ɣɛn daai në yïïn"
    b) "Na yök ɣa ke ɣa nyan kuuric ke yïn ca ɣoi, cam ɣa…"
    c) "Na yök ɣa ke nɔŋ kë can ɣa nom luɔt thïn ke ɣɛn daai në yïïn"
    d) Aaye keka tɔ nhialkë kedhia

6) Yeŋa ril në kaam de jö ku aŋui?
    a) E jö yen aril aŋui
    b) E aŋui yen aril në jö

c) Aathoŋ në riɛlden ke
d) E baak yen aril aŋui

7) Yeŋa cië ŋɛk wet nyin akëkölic?
   a) E kuac yen acië jö wet nyin
   b) E jö yen acië aŋui wet nyin
   c) E aŋui yen acië jö wet nyin
   d) E köör yen acië aŋui wet nyin

3.1.2 Dhuk ye thiëc tɔ̈u piinykë:
1) Yeŋa pel nom akëkölic?
2) Yeŋö jiɛɛm akëköl?
3) E jö cië aŋui lëk yic?
4) Yeŋa ye dhɔ̈n akëkölic?
5) Yeŋö e mɛt aŋui ke jö?
6) Yeŋö cië jö kony aŋui thok?
7) Ye jö cɔɔl yadï në rin kɔ̈k?
8) Yeŋö ye aŋui looi të cen jö yök, ke nɔŋ kë cen ye nom luɔ̈t thïn?
9) Ye aŋui ŋö looi të cen jö yök ke nyan kuuric?

3.1.3 Yeŋö ye luɛɛl de ke wël tɔ̈u piinykë?

Mät	Lueel
Mat	Luel
Aŋui	Kuur
Jö	Doŋ
Baak	Kɔɔr
Nyan	Kony
Nyän	Akëkölic

| Nyɛn | Daai |
| Na yök | Ɣoi |

4.0 Duut de lönh aŋau

Na ɣɔn në wëër tök, ke cuɔl aake cië amat cɔɔl në të bï kek aŋau luɔɔi thïn. Aŋau aye raan ater të nɔŋ keek. Amat acië bën lɔ thïn. Ka juëc aacï luɔk ke bën bëi nhial amatic. Kë mɛt cuɔl, e të bï kek aŋau tiaam thïn. Acïn kë lɔ cök cië bën bën bei amatic në të bï kek aŋau tiaam thïn. Acï col thiin tök bën lueel, "Ye wɔ bë löth duɔ̈ɔ̈t aŋau yeth, ago ku ya piŋ të bïï yen. Na cukku piŋ ke mɛt löth, ke wɔ bë ya kat bukku lɔ thiaan." Ye wët të, acï bäny de cuɔl bën dɔɔric ku lueel, "Ye meth, yïn cië yic lueel pacɔ̈k. Na në yï thiɔ̈k, e të ca yï gut nyin". Bäny de cuɔl acië bën thïc, "Yeŋa de wuɔɔk bë löth lɔ duɔ̈ɔ̈t aŋau yeth ye man në?" Piny acië bën lɔ dïu, ke cïn col jam ku cïn col ɣaal. Bäny de cuɔl acië bën ŋot ke thïc, "Yeŋö ye wek biɛt? Lɛ̈k kë ɣa, yeŋa de wuɔɔk bë löth lɔ duɔ̈ɔ̈t aŋau yeth?" Col tök acië rɔt bën jɔt ku dhuk, "Yïn ca kuany bäny ba löth lɔ duɔ̈ɔ̈t aŋau yeth në nyin da yic". Go bäny dhuk, "Ye kë cï rɔt bë bɛɛr luɔ̈ŋ kan, mɛɛnh de wänmääth". Bäny de cuɔl acië rɔt bën jɔt ku tɛŋ ye thar ku jiël ke cië piɔ̈u riääk. Amat acië bën pɔ̈k ke cïn col cië yök bë löth lɔ duɔ̈ɔ̈t aŋau yeth.

Aŋau adaai të thiɔ̈k ke të e mɛt e cuɔl amat den. Aŋau acië kë cuɔl mat piŋ ebën.

Löth aŋoot ke kën në duɔ̈ɔ̈t aŋau yeth agut cië ye köölë. Raan bë ye duɔ̈ɔ̈t aŋot ke kën në cuɔl yök. Aŋau aŋot ke cop cuɔl agut cië ye köölë. Cuɔl aaye pol të liiu aŋau. Na tɔ̈ aŋau, ke cuɔl aaye thiaan.

Kë piööc akëköl: Akɔ̈cic arët bë wët lueel, ku luɔɔide arilic.

4.1 Thëm de nom
4.1.1 Lɔc töŋ yeyic në ye ka cië ke thïïc piinyë:
1. Ye cuɔl kedï keke tɔ̈ amatic?
    a) Aaye cuɔl ke dhïc
    b) Aaye cuɔl ke dhetem
    c) Aaye cuɔl ke ŋuan
    d) Aaye cuɔl ke dhorou
2. Ye läi kedï keke tɔ̈ amatic?
    a) Aaye läi ke dhïc
    b) Aaye läi ke dhetem
    c) Aaye läi ke ŋuan
    d) Aaye läi ke dhorou
3. Yeŋö e mɛt cuɔl?
    a) E të bï kek aŋau näk thïn
    b) Aake mat pïïr den roor
    c) Aake mat të bï kek aŋau luɔɔi thïn ke ye raan dɛɛn ater
    d) Aake mät kueer bï kek bäny den kuany thïn
4. Yeŋö e yen bäny de cuɔl ye thar teŋ ku jiël?
    a) Amat acië thök
    b) Alɔ bë löth lɔ duɔ̈ɔ̈t aŋau yeth

      c) Acië piɔ̈u riääk në wët cen në ye yɔ̈ɔ̈k bë löth lɔ duɔ̈ɔ̈t aŋau yeth
      d) Acië riɔ̈ɔ̈c në wët tɔ̈ aŋau në ke lɔ̈m

5. Yeŋa e tak ke, bë löth duɔ̈ɔ̈t aŋau yeth?
      a) Aŋau yen acië ye tak ke bë löth duɔ̈ɔ̈t në ye yeth
      b) E col thiin tök yen atak ke
      c) Aatɛk cuɔl kedhia bï kë löth duɔ̈ɔ̈t aŋau yeth
      d) E bäny de cuɔl yen atak ke bë löth duɔ̈ɔ̈t aŋau yeth

6. Yeŋö e yen në cuɔl ye kɔɔr bï kë löth duɔ̈ɔ̈t aŋau yeth?
      a) E bë aŋau ya riɔ̈ɔ̈c në keek
      b) E bï kë aŋau ya piŋ ke met löth ku näk kë
      c) E bï kë aŋau ya piŋ ke met loth, ku thëërkë në ye
      d) E bï kë aŋau ya piŋ ke met löth, ku kɛtkë bï kë lɔ thiaan.

7. Yeŋö yen në löth ŋoot ke kën në duɔ̈ɔ̈t aŋau yeth agut cië ye köölë?
      a) Aŋau acië bën jai bë löth duɔ̈ɔ̈t në ye yeth
      b) Acïn col cï cuɔl bën yök bë löth lɔ duɔ̈ɔ̈t aŋau yeth
      c) bäny de cuɔl acië bën jai bë löth duɔ̈ɔ̈t aŋau yeth
      d) Cuɔl aacië bën riɔ̈ɔ̈c aŋau

8. Yeŋa ril në kaam de aŋau ku col (riëc)?
      a) E col yen aril aŋau
      b) Aŋau yen aril në col
      c) Aathöŋ në riɛlden ke
      d) Col e aŋau cam

9. Yeŋö ye aŋau looi të cen col tïŋ?
      a) Aŋau e col cop bë cam të cen ye tïŋ
      b) E pol ke ye

      c) Acïn kë ye aŋau luɔ̈i col të cen ye tïŋ
      d) Aŋau e kat bë lɔ thiaan të cen col tïŋ
10. Yeŋö ŋot ke ye aŋau luɔ̈i cuɔl në ye mɛɛn?
      a) Aŋau acië cuɔl pöl në cäm
      b) Aŋau acië cuɔl pöl në cup
      c) Aŋau aŋot ke ye cuɔl cop ku ciɛm ke
      d) Aŋau acië döör ke cuɔl

4.1.2 Dhuk ye thiëc tɔ̈ piinykë nhïïm:

    1) Yeŋö piööc akëköl?
    2) Yeŋa e cië ye lueel e bë löth duɔ̈ɔ̈t aŋau yeth?
    3) Ye yï ŋa jiɛɛm akëkölke?
    4) Yeŋa cië bën thïïc bë löth lɔ duɔ̈ɔ̈t aŋau yeth?
    5) Yeŋö cïn yen col cië bën yök bë löth lɔ duɔ̈ɔ̈t aŋau yeth?
    6) Aŋau tɔ̈ dï yɔn mɛt e cuɔl të bï kë luɔ̈i aŋau?
    7) Yeŋö yen në cuɔl, riɔ̈ɔ̈c aŋau?
    8) Yeŋö ye cuɔl looi të liiu aŋau?
    9) Yeŋö ye cuɔl looi të tɔ̈u aŋau?
    10) Yeŋö ca nhiaar në ye akëköl kënë yic?

4.1.3 Yeŋö ye luɛɛl de ke wël tɔ̈ piinykë cï man tɔ̈ kek akëkölic?

Col	Cam
Cuɔl	Döör
Lok	Duut
Luɔk	Duɔ̈ɔ̈t
Riëc	Daai
Löth	Adaai

Aŋau	Tiaam
Aŋääth	Thiaan
Cop	Bäny

5.0 Biɔl cië bël

Na yɔn në kööl tök ke biɔl acath dhölic. Biɔl acï tɔŋpiiny bën löny nom nhial e gai. Acï biɔl bën tak, lueel yeye nhial yen cië wuɔ̈p, aka löny kɔc nïïm. Biɔl acië bën kɛt roor awuurke ago nhial cuɔ̈k löny nom. Biɔl acië läi juëc bën ya bak thook ke thuny awuur. Läi aacië bën gäi në gäi dït në kë cop biɔl. Biɔl acië läi cië ke yök roor bën lëk kë lueel ye looi rɔt. Acï biɔl bën ya lëk läi cië ke yök kedhia, lueel "Ye nhial awup piny, kat kë". Läi tɔ̈ roor kedhia, aacië bën riɔ̈ɔ̈c në riɔ̈ɔ̈c dït në wët cï biɔl lëk ke.

Läi kedhia aacië bën miööt roor keke cië nïïm mum. Läi aake kuc të kɛt kek thïn. Läi aacië bën ya miööt keke lɔ tën ku lek kë tën keke cië nïïm riɛɛr.

Köör man ye bäny de läi kedhia acië nom bën liääp arët, në kë cië tuɔ̈l roor. Köör acië bën cath roor bë läi jöɔ̈ny bï kë röth päl piny. Köör acië läi bën jöɔ̈ny go läi piŋ thok. Acï köör bën lëk läi bë të e tul e wët thïn lɔ loop amääth ku bë bën guiëërke.

Köör acië bën cath bë të e bï wët thïn lɔ göör. Acï köör bën lɔ yök ke wët tul të nɔŋ biɔl. Acï köör bën lɔ yök ke ye biɔl yen e cië lueth töör. Acï biɔl töör läi man wup nhial piny. Acï köör bën yök ke ye nyin atɔm yen e cië biɔl lɔ̈ny nom nhial. Ye kënë, yen acï biɔl bën thiäi piny ke ye nhial yen wup piny.

Köör acië läi bën cɔɔl kedhia ku guïïrke kë cië lɔ yök. Läi acië köör bën gam thok ku dhuk kë röth në pïïr dɛɛn thɛɛric. Aci läi bën gam në yic, man cï nhial wup piny cië luɛɛl de biɔl. Acï köör bën lëk läi kedhia, lueel "Na wup nhial piny, keka cïn të kɛt wɔ thïn wɔdhia". Acï läi jal bën ŋic kedhia, man e ke cï biɔl ke töör lueth. Acï läi bën gam kedhia, man cië biɔl bël pacɔ̈k.

Kë piööc akëköl: Gam raan ca deet, ago yï cuɔ̈k dhom. Lueth e dac thiëi piny kuka ye kɔc cïn adöt gam ke yeyic.

5.1 Thëm de nom

5.1.1 Lɔc töŋ yeyic në yeka cië thïïc piinykë yiic

1. Yeŋö e cië biɔl lɔ̈ny nom nhial?
    a) Biɔl acï kɔɔi lɔ̈ny nom nhial
    b) Biɔl acï akuɛm lɔ̈ny nom nhial
    c) Biɔl acï tɔŋpiiny lɔ̈ny nom nhial
    d) Biɔl acïn kë cië ye lɔ̈ny nom nhial
2. Yeŋö cï läi bën looi ɣɔn cen në biɔl ke lëk kë lueel ye looi rɔt?
    a) Läi aacië bën miööt keke cië nïïm mum
    b) Läi aakën kë cï biɔl lëk ke bën gam
    c) Läi aacië bën lɔ thiaan
    d) Läi aacië biɔl bën nɔ̈k
3. Yeŋö cï köör bën looi ɣɔn cen në läi nïïm liääp roor?
    a) Köör acië läi bën jɔ̈ɔ̈ny bï kë röth päl piny

b) Köör acië kë cië rɔt looi bën lɔ loop amääth
c) A & B aaye yith
d) Acïn kë yeyic në ye ka tö nhialkë

4. Yeŋö e cï biɔl lueel ye looi rɔt?
   a) Acï biɔl lueel ye kɔɔr bë piny wuöp
   b) Acï biɔl lueel ye wup nhial piny
   c) Acï biɔl lueel ye tueny deŋ në kɔi
   d) Acï biɔl lueel ye kɔɔr nhialic bë läi nɔ̈k

5. Yeŋö cï köör bën lɔ yök ke cië rɔt looi?
   a) Acïn kë cï köör bën lɔ yök
   b) Acï köör bën lɔ yök ke ye awan yen e cië biɔl dhoom bë läi math
   c) Acï köör bën lɔ yök ke ye biɔl yen e cië läi math në cieɛlic
   d) Acï köör bën lɔ yök ke ye tɔŋpiiny yen e cië biɔl lɔ̈ny nom nhial

6. Yeŋö cï läi bën looi yɔn cen në köör ke guiëër kë cië lɔ yök?
   a) Läi aacië kë cï köör lëkke bën gam ku pël kë röth piny
   b) Läi aakën kë cï köör guiëërke bën gam
   c) Läi aacië bën ŋot keke riŋ roor keke cië nïïm liääp
   d) Läi kɔ̈k aacië kë cï köör guiir bën gam ku läi kɔ̈k aakën bën gam

7. Yeŋö ye luɔɔi de köör të nɔŋ läi?
   a) Köör awär läi në riɛl kedhia
   b) Köör yen ke bäny de läi
   c) Köör e läi tiit në ka näk ke roor
   d) Köör e läi cam kedhia

8. Yeŋö cï köör bën lëk läi bë ke jö̈öny?
   a) Acï köör bën lëk läi, "Na wup nhial piny, keka cïn të kɛt wɔ thïn wɔdhia"

b) Acï köör bën lëk läi, "Na wup nhial piny, ke wɔ kɛt ciëën wɔdhia"
c) Acï köör bën lëk läi, "Na wup nhial piny, ke wɔ kɛt cuiëëc wɔdhia"
d) Acï köör bën lëk läi, "Na wup nhial piny, ke wɔ kɛt tueŋ wɔdhia"

5.1.2 Dhuk yeka cië ke thïïc piinykë nhïïm:
1) Yeŋö piööc akëköl?
2) Ye läi kedï jam akëkölic?
3) Yeŋa ye lueth dac gam?
4) Cië läi biɔl jal bën ŋic yedï kedhia?
5) Yeŋö ca nhiaar akëkölic?
6) Yeŋö e yen në läi nïïm liääp kedhia?
7) Yeŋö cï köör bën lɔ yök yɔn cen wët lɔ loopic?
8) Yeŋö cï köör bën lëk läi kedhia?
9) Yeŋö e yen në läi wët cï köör lëk ke gam ke ye yic?
10) Yeŋö ca nhiaar akëkölic?

5.1.3 Yeŋö ye luɛɛl de ke wël tɔ̈ piinykë cië man tɔ̈ kek akëkölic?

Dhölic	Dhuɔɔm
Mum	Deet
Töör	Löny
Tɔ̈ɔ̈r	Lɔ̈ny
Jɔ̈ɔ̈ny	Wuɔ̈p
Riɔ̈ɔ̈c	Wup
Luɛɛl	Bäny
Lueel	Läi
Luel	Lëi
Loop	Thuny

Dhom	Thuɔ̈ny
Dhoom	Awuur
Amääth	Miööt
Lïääp	Thook
Tɔŋpiiny	Thok

6.0 Jöŋ muk yuɔɔm në ye thok

Y̠ɔn aköl tök, ke jö acië yuɔɔm de y̠ɔ̈l yök ke nɔŋ kɔ̈u rïŋ. Jö acië yuɔɔm bën kac në ye thok ku lööny dhöl ke lɔ baai. Jö acië bën cath abë cop në wëër nom. Wëër acië thiäŋ në piäu ku kuëër aput arët. Acië yic bën riɛl arët bë jö wëër teem ke kuaŋ. Jö acië wëër bën kuany kɔ̈u ke kɔɔr të ben wëër teem thïn. Jö acië të ben tem bën yök. Jö acië wëër bën gɔl në tëm. Na ye cup jö në wëër ciɛlic, go jöŋ dët muk yuɔɔm në ye thok tïŋ në pïu yiic. Akuc jö man ye atïmde ye tök yen cië tïŋ në pïu yiic.

Jö acië ye thok bën liep ku pëër yuɔɔm wën cië tïŋ në pïu yiic. Agöör jö bë yuɔɔm cië tïŋ në pïu yiic lɛɛr baai aya. Jö acië yuɔɔm bën pääric në pïu yiic. Yuɔɔm wën muk jö në ye thok acië bën lööny wïïr e tholop. Jö acië mëër bën kacic. Yuɔɔm wën muk në në ye thok acië bën määr taitai. Acï jö bën ya kiit ku gɛm. Jö acië bën kuui në kuuidït.

Acïn yuɔɔm e cï jö tïŋ në pïu yiic. E jö në guɔ̈pde, yen acië rɔt tïŋ në pïu yiic ke muk yuɔɔm në ye thok. E dït de piɔ̈n de jö, yen acië yuɔɔm de cɔk lööny në pïu yiic. Aye gɔɔk lueel, "Kë tɔ̈ në yï gëm, yen e këdu". Jö acië yuɔɔmde bën cɔk lööny në pïu yiic në ciɛɛlic.

Kë piööc akëköl: Duk mëër pacic ku cuat të kë tɔ̈u keyï roor. Gam kë thiin tɔ̈u ke yï.

6.1 Thëm de nom

6.1.1 Lɔc töŋ yeyic në ye ka cië thïïc piinykë yiic:

1. E jö kac yuɔɔm në ye thok ku le të nou?
    a) Akac yuɔɔm në ye thok ku kɛt rokic
    b) Akac yuɔɔm në ye thok ku le në butic
    c) Akac yuɔɔm në ye thok ku lööny dhöl ke lɔ baai
    d) Akac yuɔɔm ku cuet

2. Cië jö wëër bën yök ke cië yiëndï?
    a) Jö acië wëër bën yök ke cië dëu
    b) Jö acië wëër bën yök ke cië thiäŋ në piäu
    c) Jö acië wëër bën bak thok
    d) Jö acië wëër bën yök ke cië nyai në rec

3. Cië jö ŋö bën looi yɔn cen në yuɔɔmde lööny wïïr?
    a) Yuɔɔm de jö akën lööny wïïr
    b) Jö acië bën kuui në kuui dït
    c) Jö acië yuɔɔm de bën reem
    d) Jö acië piny bën lɔ yɔ̈ɔ̈p në rïŋ bë cuet

4. Yeŋö cen në wëër yic bën riɛl bï jö teem?
    a) Jö acië aŋui bën yök ke tɔ̈u në wëër nom go riɔ̈ɔ̈c bë wëër teem
    b) Jö acië wëër bën yök ke nɔŋic nyaŋ go riɔ̈ɔ̈c bë wëër teem
    c) Jö acië wëër bën yök ke cië thiäŋ në piäu ku kuëër aput arët

d) Jö acië wëër bën yök ke cië dëu go wëër teem
5. Cië jö bën cop të nou ɣɔn le yen baai?
   a) Jö acië bën cop në rok ciɛlic
   b) Jö acië bën cop në kiir nom
   c) Jö acië bën cop në pïu thook
   d) Jö acië bën cop në wëër nom
6. Yeŋö cï jö bën tïŋ në pïu yiic ɣɔn cen cop në wëër ciɛlic?
   a) Acië jöŋ dët bën tïŋ ke muk yuɔɔm në ye thok
   b) Acië atïm de bën tïŋ në pïu yiic
   c) Acië rëc bën tïŋ ke tɔu në pïu yiic
   d) Acië nyaŋ bën tïŋ ke tɔu në pïu yiic
7. Yeŋö cï jö bën looi ɣɔn cen rɔt tïŋ në pïu yiic?
   a) Jö acië ye thok bën ŋaam ku pëër atïm de yic
   b) Jö acië bën kɛt bii
   c) Jö acïe atïm de bën ŋäär
   d) Jö acië rïŋde dɔc bën cuet ku pëër atïmde yic
8. Yeŋö cï jö bën kacic ɣɔn pëër yen pïu yiic?
   a) Acië yuɔɔm bën kacic
   b) Acië rïŋ bën kacic
   c) Acië mëër bën kacic
   d) Acië rëc bën kac kɔu
9. Yeŋö e cɔk yuɔɔm de jö lööny në pïu yiic?
   a) E täŋ rac yen acië ye cɔk lööny në pïu yiic
   b) E dït de piɔu yen acië ye cɔk lööny në pïu yiic
   c) E kuɔc luɔi yen acië ye cɔk lööny në pïu yiic
   d) Acïn kë yeyic në ye ka tɔu nhialkë yiic
10.   E Jö kɔɔr bë yuɔɔmde ɣääth të nou?
   a) Jö agöör bë yuɔɔmde ɣääth wut
   b) Jö agöör bë yuɔɔmde ɣääth tooc
   c) Jö agöör bë yuɔɔmde ɣääth roor
   d) Jö agöör bë yuɔɔmde ɣääth baai

6.1.2 Dhuk ye thiëc cië thïïc piinykë nhïïm:

1) Yeŋö cï jö bën looi ɣɔn yök yen wëër ke cië thiäŋ në piäu?
2) E wëër ye kɔc teem në ŋö?
3) E ŋic jö man ye atïm de yen e cië tïŋ në pïu yiic?
4) Cië yuɔɔm de jö bën lööny wïïr yedï?
5) Ye agɔɔk lueel yedï?
6) Yeŋö piööc akëköl?
7) Yeŋö ca lööm akëkölic?
8) Yeŋö ye luɛɛl de "määr taitai?"
9) Ye läi kou cië gɔk rin akëkölic?
10) Yeŋö ye luɛɛl, "acï jö bën ya kiit ku gɛm"

6.1.3 Yeŋö ye luɛɛl de ke wël tɔ̈u piinykë cië man tɔ̈ kek akëkölic?

Lööny	Cop
Wëër	Cup
Rïŋ	Thiäŋ
Yuɔɔm	Piäu
Yom	Pïu
Mëër	Ɣääth

7.0 Riɛl de köör ku riɛl de col

Na ɣɔn ke köör anin rokic në butic. Köör akën nin në nïn juëc. Aye cool ku ruur në yäp ku cïn lën ciɛm. Piny acië ciën läi juëc tɔ̈u në ye aköl kë. Köör acië maguar cuai arët bën cam në ye köölë. Köör acië maguarde jal bën cuet abë kuɛth ku jɔl töc bë nin. Wën cen në köör nin, ke col (riëc) acië bën bën ku ye cath në köör kɔu ke köör nin. Col acië thueithueei bën ya kuany në köör thok. Col acië köör bën diŋ guɔ̈p apɛi. Col acië köör bën diŋ guɔ̈p, abë köör pääc. Köör acië piɔ̈u bën riääk apɛi në kë cï col ye pɔ̈ɔ̈c ke nin. Köör acië col bën dɔm ku göör bë kac në ye lec. Köör acië col bën juɔ̈k kɔu në ye riööp ku jɔl mɔ̈k në ye thok ke cië ŋeeny. Köör acië ye lec bën rɛm ke ɣoi col nyin. Col acië bën dhiaau ku lɛɛc. Aŋic col, ke bï köör jal kac nom e koroom.

Col acië köör bën lɔ̈ŋ nyin apɛi bï köör cuɔ̈k cam. Col acië köör bën kɔk nyin bë köör päl awänyde. Col acië köör bën yɔ̈ɔ̈k, "Päl ë ɣɛɛn awänydië, yïn ba bɛɛr kony në kööl dët." Köör acië bën dɔl arët ke bui col guɔ̈p në luenh cï col töör. Köör acië col bën päl awänyde. Köör acië bën ŋot ke gäi guɔ̈p arët në wët cië piŋ të nɔŋ col. Köör acië bën cath ke met ye nom arët në tör de lueth cït ye kënë. Akuc köör pacɔ̈k, man nɔŋ kë na dë ke kuny e col yeen. Col acië köör bën leec apɛi ke cië piɔ̈u miɛt. Alɛɛc de col acï köör jal bën piɛŋ kueer ke jiël. Köör acath ke ban ye kɔu ke lɔ yäp rokic.

Na ye lɔ köör në rok thok, ke lɔ ku dɔm adëëp e nantöŋtëi. Köör acië bën wëi adëëpic, abë lɔ tiŋtiŋ thïn. Köör acië bën dhuɔ̈ɔ̈r arët, göör bë adëëp tueny, go cuɔ̈k lëu. Köör acië bën kuui arët ke cië piɔ̈u dhiaau në kë rɛɛc cië ye yök. Aye köör thɔ̈ɔ̈ŋ, ke raan e deep adëëp dhil tɔu të thiɔ̈k. Köör acië bën riɔ̈ɔ̈c apɛi ku kuc kë lëu bë ye kuɔ̈ny bei. Köör atɔu të thiin cït col thar. Köör acië bën dhuɔ̈ɔ̈r abë dak. Na wën cië dhäär go töc ke cië duɔɔt.

Aɲic köör ke yen ye thök de kake. Na ye kaam thiin nyɔɔt, ke col tëëm rɔt ke cath. Na ye pël col ye nyin piny, ke tïŋ köör adëëpic ke cië rɔt cïëth aka cië ya riɔp ke cïth. Acï col bën tak, ke kë ɣɔn cië lueel ye bë kuɔ̈ny köör acië jal bën. Acï col bën lëk köör, "Yïn ba kuɔ̈ny bei mäth mayɔ̈ɔ̈rdït. Aca lëk yïïn ɣɔn, ye ba yï kony".

Wën piŋë köör kë cï col lueel, go dɔl amääth ke gut ye thok piny ku dɛɛi në të bïn në col ye kuɔny thïn. Aŋot ke kën në köör gam, man arëk ke kony col. Col acië adëëp bën tɛm kɔ̈u në ye lec. Köör acië bën yööt bei adëëpic ke cië gäi arët. Köör acië tiim bën ya lïïr ke cië piɔ̈u miɛt. Köör acië col bën leec ke cië piɔ̈u miɛt arët. Acï köör jal bën gam në yic, ke dït ku riɛl awääc. Köör acië luɔɔi de läi kor, jal bën gam në gäm dït. Col acië köör bën kuɔ̈nybei të thiin cït col thar.

Kë piööc akëköl: Mäth thiin duɔ̈ɔ̈n dhäl guɔ̈p, alëu bë yi luäk bei në kë rac yic.

7.1 Thëm de nom

7.1.1 Lɔc töŋ yeyic në ye ka cië thïïc piinykë yiic:

1) E köör nin në ŋö yic?
    a) Köör anin në butic
    b) Köör anin roor
    c) Köör anin në tim thar
    d) Köör anin në yɔ̈tic
    e) A & B aaye yith
2) E col tem adëëp kɔ̈u në ŋö?
    a) Col atem adëëp kɔ̈u në ye riööp

      b) Col atem adëëp kɔ̈u në lec kɛɛn cië moth e moth

      c) Col atem adëëp kɔ̈u në pal

      d) Col akën adëëp bën lëu në tëm de kɔ̈u

3) Yeŋö cï köör bën looi ɣɔn cen dhäär?

      a) Köör acië bën tɔ̈c ke cië duɔɔt

      b) Köör acië adëëp bën tueny kɔ̈u

      c) Köör acië bën dhiaau ku kuui

      d) Keka tɔ̈u nhialkë kedhia aaye yith

4) Ye lën nou cië rɔt bën tëëm ɣɔn cen në köör dhäär?

      a) E goŋ yen acië rɔt bën tëëm

      b) E këroor yen acië rɔt bën tëëm

      c) E col yen acië rɔt bën tëëm

      d) E ajïth yen acië rɔt bën tëëm

5) Ye lën no e cï köör bën cam?

      a) E anyaar yen acï köör cam

      b) E kul roor yen acï köör cam

      c) E maguar yen acï köör cam

      d) E miir yen acï köör cam

      e) E thiäŋ yen acï köör cam

6) Yeŋö e yen në köör dhiil në ye köölë?

      a) Läi aake cië thou kedhia

      b) Läi aake cië köök në ɣän mec

      c) Piny acïn läi juëc tɔ̈u

      d) Köör acië dhiɔp ku cië awuurke lïk

7) Yeŋö cï köör bën looi ɣɔn cen cuet abë kuɛth?

      a) Köör acië bën lɔ yäp në läi kɔ̈k

      b) Köör acië bën dek në pïu

      c) Köör acië bën lɔ të dɛɛn ceŋ

d) Köör acië bën töc bë nin

8) Ye lën nou cië köör bën diŋ guɔ̈p ke nin?
    a) E ariik yen acië köör bën diŋ guɔ̈p
    b) E col yen acië köör bën diŋ guɔ̈p
    c) E akëkar yen acië köör bën diŋ guɔ̈p
    d) E këroor yen acië köör bën diŋ guɔ̈p

9) Yeŋö e ye col kuany në köör thok?
    a) E thïm de rïŋ
    b) E kuïn
    c) E luaŋ
    d) Aaye thueithueei

10) Cië köör ŋö bën looi ɣɔn cen në col ye diŋ guɔ̈p?
    a) Köör acië bën pääc
    b) Köör acië bën ŋot ke nin
    c) Köör acië rɔt bën jɔt ku jiël
    d) Köör acië col bën cuet

11) Yeŋö cï col bën looi ɣɔn cen köör tïŋ ke cië ŋeeny?
    a) Col acië bën laac
    b) Col acië bën dhiaau
    c) Col acië bën dhiaau ku lɛɛc
    d) Col acië bën thöök

12) Yeŋö cï col bën looi ɣɔc cen në köör ye pɔ̈l?
    a) Col acië köör bën leec arët ke cië piɔu miɛt
    b) Col acië köör bën läät
    c) Acïn kë cï col bën looi
    d) Col acië bën lɔ yäp në tök ke köör

13) E köör cath ke ban yecök ke lɔ të nou?
    a) Aban ye cök ke lɔ baai
    b) Aban ye cök ke lɔ kör në pïu bë dek

c) Aban ye cök ke lɔ yäp

d) Aban ye cök ke lɔ në butic bë lɔ nin

14) Yeŋö e yen në köör dhuɔ̈ɔ̈r arët?

a) Köör acië riɔ̈ɔ̈c

b) Köör akɔɔr bë adëëp tueny köu

c) Aye köör thɔ̈ɔ̈ŋ, ke raan e deep adëëp dhil tɔ̈u të thiɔ̈k

d) Aaye keka tɔ̈u nhialkë kedhia

15) Yeŋö cië bën yïëndï ɣɔn cen në köör dhuɔ̈ɔ̈r arët?

a) Köör acië bën thou

b) Köör acië bën dak

c) Köör acië bën dhäär

d) B & C aaye yith

16) Yeŋö cï köör bën looi ɣɔn cen në col ye luɔ̈nybei adëëpic?

a) Köör acië bën jäl

b) Köör acië tiim bën ya lïïr ke cië piɔ̈u miɛt

c) Köör acië guɔ̈p bën riɔ̈ɔ̈c

d) Köör acië bën kɛt roor

7.1.2 Dhuk ye thiëc cië thïïc piinykë nhïïm:

1) Cië köör col bën looi yedï?
2) Yeŋö e yen në köör dɔl amääth ke gut ye thok piny?
3) Cië köör col bën juɔ̈k kɔ̈u në ŋö?
4) E ŋic col ke bï köör looi yedï, ɣɔn cen ye dɔm?
5) Yeŋö e riäk köör piɔ̈u?
6) Cië köör ye lec bën looi yedï?

7) Ye guɔ̈p lɔŋ yïndï yen në e kɔɔr köör bë kac në col?
8) Cië col ŋö bën looi, yɔn cen në köör ye dɔm?
9) Yeŋö cï col bën lueel ye bë luɔ̈i köör, të pël e köör ye awäc?
10) Yeŋö e yen köör gäi arët në kuɔɔny de col?
11) Yeŋö e yen në köör cath, ke met ye nom?
12) Cië köör col bën päl awänyde?
13) E köör lɔ yäp në lën dët bë cuet nɛn?
14) Yeŋö cië rɔt bën luɔ̈i köör në nantöŋtëi yɔn len yäp?
15) Yeŋö ye luɛɛl de "Köör atɔ̈u të thiin, cït col thar"?
16) Yeŋö piööc akëköl?
17) Yeŋö ca nhiaar akëkölic?
18) Cï col bën lëk köör yedï, yɔn cen ye tïŋ adëëpic?

7.1.3 Yeŋö ye luɛɛl de ke wël tɔ̈u piinykë?

Adëëp	Dhiil	Pacɔ̈k
Amääth	Dhuɔ̈ɔ̈r	Päl
Awäc	Duɔɔt	Pɔ̈ɔc
Alɛɛc	E tiŋtiŋ	Pɔ̈l
Buɔ̈t	Gäi	Piɛŋkueer
Bui	Guɔ̈p	Reem
But	Kaam	Rem
Cool	Kaam thiin nyɔɔt	Rɛm
Cuai	Kony	Riääk
Cuet	Kuny	Riäk
Daai	Kuɔ̈nybei	Riööp
Dɛɛi	Kuɛth	Riöp
Dak	Kuui	Ruur

Däk	Laac	Riɔ̈ɔ̈c
Dɔl	Lɛɛc	Teem
Dɔm	Leec	Tëëm
Deep	Lueth	Thook
Dɛɛi	Maguar	Thueithuei
Dhiaau	Mayɔ̈ɔ̈rdït	Thɔ̈ɔ̈ŋ
Dhäär	Nantöŋtëi	Thiɔ̈k
Dhiau	Ɖeeny	Töör
Dhil	Pääc	Wëi

8.0 Monydït, dhuk ku akaca

Na ɣɔn në kööl tök ke dhuk (dhɔ̈k) ku monydït aake thel akaca keke kuany baai yic. Dhuk (dhɔ̈k) arëër akaca kɔ̈u ku monydït athel akaca.

Kɔc aacië monydït ku dhɔ̈k bën gɔl në gäk. Aacï kɔc bën lueel, "Ye mɛɛnh liric dë ŋö ye rëër akaca kɔ̈u ku cɔk monydït cath në ye cök".

Acï monydït ku dhuk bën gam man gäk keek në yic. Monydit ku dhɔ̈k aacië röth bën wëër. Monydït acië bën yɔɔt akaca kɔ̈u ku cath dhuk në ye cök.

Na ye kaam thiin koor, keke wääc në kɔc kɔ̈k dhölic. Go ke kɔc kë, ke bɛɛr gök, lueel kë, "ye monydïït liric de ŋö ye cath akaca köu ku cɔk mɛɛnh thiin koor cath në ye cök ".

Acï monydït ku dhɔ̈k bën bɛɛr tak, man gäk ke në yic. Monydit acië bën yɔɔt piny akaca köu ku ciɛthkë në ke cök kedhia. Akaca acië bën cath ke cïn köu raan.

Na ye lek kë të thiɔ̈k amääth, keke räm piny në kɔc juëc kɔ̈k. Aacï ke kɔc kë, ke bën gɔ̈k arëtic. Aacï kë bën lueel, "Ye kɔc ke ŋö, ye yiic liɛɛr ye lë? Yeŋö ye we cath në we cök ku ca kë akaca cath ke cïn köu raan?"

Acï monydït ku dhuk bën gam man cië ke kɔc kë yic lueel. Dhuk ku monydït aacië bën yɔɔt akaca köu kedhia bï kë cath në yeen.

Na ye ciɛth kë amääth, keke räm piny në kɔc kɔ̈k. Go ke kɔc kë ke gɔ̈k, luel kë, "Ya kë kɔc liriic ke ŋö e käkë, yeŋö ba we akaca dhoŋ köu we reu?"

Go kë bɛɛr gam ye cië ke kɔc kë, yic bɛɛr lueel. Acï monydït ku dhɔ̈k bën tak bï kë akaca duɔ̈t cök ku ket kë në ke kët. Monydït ku dhuk aacië akaca bën ket në ke kët keke kuany baai yic.

Monydït ku dhuk aacië wëër bën teem keke ket akaca në ke kët. Monydït ku dhuk aacië bën rieth keke ket ket akaca go kë lööny wïïr. Monydït, dhuk ku akaca aacië bën mou.

Kë piööc akëköl: Na luel ye ba raan ebën miët piɔ̈u, ke yïn bë rɔt dhiɛɛl në kë racic. Acïn raan lëu bë raan ebën cɔk mit piɔ̈u.

8.1 Thëm de nom

8.1.1 Lɔc töŋ yeyic në ye ka cië ke thïïc piinykë yiic

1) Yeŋo e cɔk monydït ku dhuk cɔk lööny wïïr?
    a) E thiɛk de akaca
    b) E köc de monydït
    c) E köc de dhuk
    d) E wët cï kek rieth
2) Yeŋö piööc akëköl?
    a) Acïn raan ye raan ebën miët piɔu
    b) Anɔŋ raan ye raan ebën miët piɔu
    c) Na luel ye ba raan ebën miët ke yïn dhiil rɔt në kë racic
    d) A & C aaye yith
3) Yeŋa cië bën yɔɔt akaca köu ɣon cen në ke gök në wët cen meth cath akaca?
    a) E monydït yen acië bën yɔɔt akaca köu
    b) E tiŋdït yen acië bën yɔɔt akaca köu
    c) Aacië bën yɔɔt akaca köu kedhia
    d) E dhuk yen acië bën cath akaca
4) Cië dhuk ku monydït gök na dï në kɔc cië rɔ̈m piny në ke kueric?
    a) Aacië ke gök na reu
    b) Aacië ke gök na diäk
    c) Aacië ke gök na ŋuan
    d) Aacië ke gök na dhïc
5) Yeŋa e nyuc akaca köu ciëën?
    a) E monydït
    b) E tiŋdït
    c) E dhuk
    d) A & C aaye yith
6) Yeŋa cië bën mou ɣon cen në monydït ku dhök rieth?
    a) E akaca
    b) E monydït

c) E dhuk
d) Aaye ke kedhia

7) Ye kɔc kedï e keke ket akaca?
    a) Aaye kɔc ke ŋuan
    b) Aaye kɔc ke reu
    c) Aaye kɔc ke diäk
    d) Aaye kɔc ke dhïc

8) E dhuk ku monydït cië akaca looi yedï ku jal kë ket?
    a) Aake cië akaca duɔ̈t yïth ku ketkë
    b) Aake cië akaca duut nyin ku ketkë
    c) Aakë cië akaca duut yeth ku ketkë
    d) Aake cië akaca duɔ̈t cök ku ketkë

9) Yeŋa e kɔn akaca thel?
    a) E monydït yen akɔn akaca thel
    b) E dhuk yen akɔn akaca thel
    c) E tik yen akɔn akaca thel
    d) E nya yen akɔn akaca thel

10) Yeŋö cï dhuk ku monydït bën looi në thök de akëköl?
    a) Aacië bën yɔɔt akaca köu kedhia
    b) Aacië bën cath në ke cök ku thel kë akaca
    c) Aacië akaca bën waan ku ciɛthkë në ke cök
    d) Aacië akaca bën ket në ke kët

11) Yeŋö e yen dhuk ku monydït wët cië lëk ke gam ebën?
    a) Aaluel kë ye bï kë raan ebën cɔk mit piɔu
    b) Aake kën röth gam man nɔŋ kë ŋic kë
    c) Aakë cië riɔ̈ɔ̈c në kɔc ye ke gɔ̈k
    d) A & B aaye yith

12) E monydït ku dhuk lɔ nou akaca?
    a) Aake lɔ tooc
    b) Aake lɔ baai
    c) Aake kuany baai yic

        d) Aake lɔ wutic
13)   Yeŋa ŋäär akëköl?
        a) E monydït
        b) E dhuk
        c) E akaca
        d) E monydït, akaca ku dhuk
14)   E monydït ku dhuk ket akaca në ŋö?
        a) Aaket kë në tim
        b) Aaket kë në këër de tim
        c) Aaket kë në ke yëth
        d) Aake kën akaca ket
15)   Yeŋa e kɔn nyuc akaca köu?
        a) E monydït
        b) E dhuk
        c) E monydït ku dhuk
        d) Acïn raan e cië nyuc akaca köu

8.1.2 Dhuk ye thiëc tö piinykë nhïïm:
1. Yeŋö jiɛɛm akëköl?
2. Yeŋö cië rɔt bën luɔ̈i akaca, monydït ku dhuk në thök de akëköl?
3. Ye dhuk cɔɔl yadï në thoŋ dët?
4. Yeŋa ye ŋöör të ket të këdë në kɔc yëth?
5. Yeŋö ca nhiaar akëkölic?
6. Yeŋa cië bën mou?
7. Yeŋö e yen kɔc monydït ku dhuk gɔ̈k?

8.1.3 Yeŋö ye luɛɛl de ke wël töu piinykë?

Akaca	Ŋöör
Dhiɛɛl	Piööc
Dhuk	Rieth
Liriic	Teem
Lööny	Wëër

| Monydït | Wïïr |
| Mou | Yɔɔt |

9.0 Yɔ̈k ke ŋuan ku köör

Në run cië wan, ke yɔ̈k ke ŋuan aake cëŋ roor. Ke yɔ̈k kë ke ŋuan aake ye nyuäth në tök ku niin kë, në tök. Na cï kë thök në nyuäth, keka lɔ tɔ̈c panom dɛɛn cï kë guëëric. Na yɔn në kööl tök, ke köör tëk ke lɔ yäp, go yɔ̈k tïŋ ke ŋuan panom. Köör acië bën lɔ ke lɔ bë lɔ göör në lën bë lɔ cam. Köör acië bën lɔ daar ke cïn lën ciɛm në ye kööl ë. Köör acï cɔk bën nɔ̈k apɛi. Acië bën lɔ ku tëëc në tim thar ku tɛk ye nom në të ben kë bë cam yök thïn. Köör acië yɔ̈k yɔn cië ke tïŋ panom bën tak.

Köör acië bën lɔ dhuk panom yɔn tɔ̈u e yɔ̈k ke ŋuan thïn. Köör acië rɔt bën cuɔ̈t yɔ̈k ku kɔɔr bë weŋ tök cam. Köör acië yɔ̈k bën math bë ke thiäi piny ku bë weŋ tök cam. Yɔ̈k aacië köör bën yoi kedhia keke cië ŋeeny. Aacië röth bën jɔt kedhia ku cui kë köör kɔɔr kë bï kë nɔ̈k. Köör acië bën kɛtwei ke cië riɔ̈ɔ̈c. Yɔ̈k aacië bën dhuk panom ku lɔ ku tëëckë wën cen në köör jäl.

Na ɣɔn ye lɔ nïn ke reu, go ɣɔ̈k këëk në röth. Ɣɔ̈k aake cië këëk në këëk dït apɛi. Aacië bën pɔ̈k. Ŋɛk në keek, acië bën ya lɔ nyuäth ye tök ku le nin panom de ye tök.

Köör akën piɔ̈u thök në ɣɔ̈k gup. Aɲic köör, ke bë ɣɔ̈k dhiɛɛl piny në cäm në tök tök. Köör acië ɣɔ̈k bën ya buuth të mec. Köör acië ye röl bën gɔl në liëk ɣɔn cen ye tïŋ ɣɔ̈k keke tɛɛr.

Köör acië rɔt bën bɛɛr cuɔ̈t ɣɔ̈k bë kë loikë lɔ deet apieth. Köör acië bën ya lɔ ke kuɛɛny ye cök ago ɣɔ̈k cuɔ̈k moth. Köör acië ɣɔ̈k bën yök, keke cië thiäi. Acië ɣɔ̈k bën yök keke nyuäth në ɣän wääc. Köör acië ɣɔ̈k bën cam kedhia në tök tök. Yen acië bën ya thon de ɣɔ̈k ke ŋuan ye kënë.

Kë piööc akëköl: Mät e riɛl.

9.1 Thëm de nom

9.1.1 Lɔc töŋ yeyic në ye ka cië thïïc piinykë yiic:
1. Ye läi kedï, jiɛɛm akëköl ke?
    a) Aaye läi ke 5
    b) Aaye läi ke 2
    c) Aaye läi ke 4
    d) Aaye läi ke 3
2. Ye ɣɔ̈k kedï cï köör ke bën cam?
    a) E weŋ tök
    b) Aaye ɣɔ̈k ke reu
    c) Aaye ɣɔ̈k ke diäk
    d) Aaye ɣɔ̈k ke ŋuan
3. Yeŋö e cɔk ɣɔ̈k ciɛm köör ke?
    a) Köör aril, yen aciɛm yen ɣɔ̈k
    b) Ɣɔ̈k aake cïn mät, yen aciɛm e köör ke

      c) E këëk cen në yɔ̈k këëk në röth yen aciɛm e köör ke

      d) E kë cen në yɔ̈k pɔ̈k bë ŋɛk ya lɔ nyuäth ye tök

      e) B, C & D

4. Yeŋö e cɔk köör lɔ dhuk panom yɔn cen yɔ̈k tïŋ thïn?

      a) Acië lɔ daar ke cïn lën ciɛm

      b) Acï cɔk lɔ dɔm

      c) Akɔɔr bë rïŋ de weŋ bɛɛr thiëëp

      d) Aɲic köör ke yɔ̈k cië këëk

5. Yeŋö cï köör bën looi yɔn cen yɔ̈k tïŋ panom?

      a) Köör acië bën lɔ ke lɔ, bë lɔ göör në kë ciɛm

      b) Köör acië yɔ̈k bën cuɔ̈i

      c) Köör acië bën lɔ në butic bë yɔ̈k buuth

      d) Köör acië weŋ tök bën cam

6. Yeŋö cï köör bën looi yɔn cen cɔk?

      a) Köör acië bën lɔ baai

      b) Acië bën lɔ tɔ̈c në tim thar bë ye nom tak në të ben kë bë cam yök

      c) Köör acië bën tɔ̈c bë nin

      d) Köör acië bën lɔ wïïr bë lɔ dek

7. Yeŋö cï köör bën tak yɔn cen tɔ̈c në tim thar?

      a) Acï köör bën tak bë lɔ yäp roor de cuɔl akɔ̈l

      b) Köör acië bën lɔ yäp në läi roor

      c) Köör acië yɔ̈k yɔn cië ke tïŋ panom bën tak.

      d) Köör acië anyɛɛr yɔn cië ke waan panom bën tak

8. Yeŋö e cɔk köör tɔ̈c në tim thar?

      a) Köör acië cɔk

      b) Köör acï nïn dɔm
      c) Köör acië kuɛth
      d) Köör acï reu dɔm

9. Ye ɣɔ̈k kedï, e ke kɔɔr köör bë ke cam, ɣɔn len dhuk të cen lɔ yäp?
      a) E ɣɔ̈k ke reu
      b) E weŋ tök
      c) Aaye ɣɔ̈k kedhia
      d) Aaye ɣɔ̈k ke diäk

10. Yeŋö cï köör bën looi ɣɔn cen ye tïŋ ke ɣoi ɣɔ̈k kedhia keke cië ŋeeny?
      a) Acië ke bën dïl yiic ku ciɛm weŋ tök
      b) Acië bën riɔ̈ɔ̈c ku dhuk ciëën në ye köu
      c) Acië bën them bë ɣɔ̈k math bï kë thiäi
      d) Köör acië bën tɔ̈c të mec ku dɛɛi në ɣɔ̈k

11. Yeŋö cï ɣɔ̈k bën looi ɣɔn cen në köör ke math?
      a) Aacië bën thiäi panom keke cië riɔ̈ɔ̈c
      b) Aacië köör bën yɔ̈ɔ̈ŋ
      c) Ɣɔ̈k ke reu acië köör bën lɔ cuɔp wei
      d) Aacië röth bën jɔt kedhia ku cui kë köör, kɔɔr kë bï kë nɔ̈k

12. Yeŋö cï köör bën looi ɣɔn cen ɣɔ̈k ye cuɔ̈i?
      a) Acië ɣɔ̈k bën käŋ nhïïm ku cop ke
      b) Acië bën tɔ̈c ku ŋëër ɣɔ̈k bë ke riääc
      c) Acië bën kat në cök ke ke ŋuan, ke kɔɔr bï ɣɔ̈k nɔ̈k
      d) Köör acië weŋ tök bën päär yeth, gö ɣɔ̈k kɔ̈k kë miööt

13. Yeŋö cï ɣɔ̈k bën looi ɣɔn cen në köör kat?

a) Aacië bën dhuk panom ku lɔ ku tëëc kë
b) Aacië bën lɔ nyuäth në tök
c) Aacië bën lɔ dek në pïu në tök
d) Aacië köör bën kuany cök kedhia

14. E köör lɔ të nou, yɔn tïŋ yen γɔ̈k panom?
    a) Köör atëk ke lɔ dek në pïu
    b) Köör atëk ke lɔ yäp
    c) Köör atëk ke lɔ baai
    d) Köör atëk ke lɔ roor

15. Yeŋö cië rɔt kɔn bën looi yɔn cen në nïn lɔ?
    a) γɔ̈k aacië bën këëk ku mët kë
    b) γɔ̈k aacië bën këëk në këëk dït ku pɔ̈k kë
    c) Γɔ̈k aacië bën pɔ̈k bë ŋɛk ya lɔ nyuäth ye tök ku lek kë dhuk panom
    d) Köör acië bën lɔ dhuk panom bë γɔ̈k bën tïŋ man cï kë thou

16. Cië γɔ̈k bën ya nin të nou yɔn cï kek këëk?
    a) Aacië bën ya dhuk panom bï kë bën nin në tök
    b) Aacië bën ya nin roor
    c) Aacië bën ya nin baai, ago köör ya riɔ̈ɔ̈c në raan
    d) Aacen në ŋɛk ke bën ya lɔ nin panom de ye tök

17. Yeŋö e cen në köör piɔ̈u ye thök në γɔ̈k gup?
    a) Köör anëk cɔk
    b) Läi aake cië thök roor
    c) Aɲic köör ke bë γɔ̈k cam në tök tök
    d) Köör anhiaar rïŋ de weŋ

18. E ɣɔ̈k ye lɔ të nou të cï kek thök në nyuäth?
    a) Na cï kë thök në nyuäth ku dëk, keka lɔ töc panom cï kë guëëric
    b) Na cï kë thök në nyuäth keka lɔ dek në pïu wïïr
    c) Na cï kë thök në nyuäth keka lɔ töc në tim thar
    d) Na cï kë thök në nyuäth keka lɔ baai

19. Yeŋö cï köör bën looi, ɣɔn cen ye tïŋ ke ɣɔ̈k cië këëk?
    a) Acië ɣɔ̈k bën cam në tök tök
    b) Acië ye röl bën gɔl në liëk
    c) Acië rɔt bën cuɔ̈t ɣɔ̈k bë ke lɔ cam
    d) Acië ɣɔ̈k bën ya buuth të mec

20. Yeŋö cï köör bën tïŋ ɣɔn cen rɔt cuɔ̈t ɣɔ̈k në tïŋ de reu?
    a) Acië ɣɔ̈k bën yök keke cië thiëi piny
    b) Acië weŋ tök bën tïŋ ke liu
    c) Acië ɣɔ̈k bën yök keke nyuäth në tök
    d) Acië ɣɔ̈k bën yök keke nin panom

21. E ɣɔ̈k ye nin të nou?
    a) Aake ye nin në butic
    b) Aake ye nin luaak
    c) Aake ye nin në wëër nom
    d) Aake ye nin panom

22. Yeŋa cië tiam akëkölic?
    a) Aaye ɣɔ̈k ke ŋuan. Yedï?
    b) Aacië tiam kedhia. Yedï?
    c) Aacïn raan de kek cië tiam.

d) E köör yen acië bën tiam. Yedï?

9.1.2 Dhuk ye thiëc tɔ̈ piinykë nhïïm:
1. Yeŋa pïööc akëköl?
2. Yeŋö pïööc akëköl?
3. Yeŋö e yen köör ye röl liek?
4. Yeŋö e yen köör ɣɔ̈k buuth të mec?
5. Yeŋö e yen köör cath ke kuɛɛny ye cök?
6. Yeŋö e cɔk ɣɔ̈k tiam köör ɣɔn kën ke këëk?
7. Yeŋö e cɔk köör cam ɣɔ̈k kedhia?
8. Yeŋa ril në kaam de köör ku ɣɔ̈k ke ŋuan?
9. E ɣɔ̈k cëŋ të nou?
10. Yeŋö cï köör bën tak ɣɔn cen töc në tim thar roor ke cië cɔk?
11. E köör tïŋ ɣɔ̈k nɛn?
12. Yeŋö e yen në köör kɛtwei ke cië riɔ̈ɔ̈c?
13. Ye nyin de ŋa yen tɔ̈u e läi thïn?
14. Yeŋa pel akëkölic?
15. Yeŋö ye piath de mät të nɔŋ yïïn?

9.1.3 Yeŋö ye luɛɛl de ke wël tɔ̈u piinykë, cië man tɔ̈u kek akëkölic?

Panom	Cuɔi
Daar	Cuɔ̈i
Weŋ	Moth
Ɣɔ̈k	Këëk
Buuth	"Ɣän wääc"
"në tök tök"	"Ke kuɛɛny ye cök"
Ceŋ	Teer
Cëŋ	Deet
Dhiɛɛl	Thiäi
Nyuäth	"Thiëi piny"

Pɔ̈k	Thou
Guëëric	Thon
Ɖeeny	"Run cië wan"
Riɔ̈ɔ̈c	Mät

10.0 Jöŋ pel ku nyaŋ

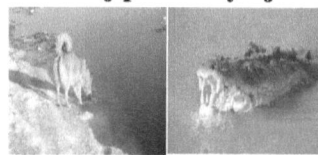

Na ɣɔn në kööl tök ke jö acï reu dɔm. Acië yal apεidït. Acï jö bën tak bë lɔ wëric bë lɔ dek. Na ye cup jö në wëër nom, go nyaŋ dït arët tïŋ ke tɔ̈ wïïr. Nyaŋ acië cɔk arët. Nyaŋ atït në lën bë bën dek ku bë cam. Jö acië bën riɔ̈ɔ̈c bë lɔ në pïu thook bë lɔ dek. Jö acië pïu bën ya lap në ye liep ke cië ye thar dhɔ̈ɔ̈t të mec. Jö acië bën dek ke lɔ ke ɣoi kë looi nyaŋ. Na göör nyaŋ bë rɔt cuɔ̈t ye, ke jö akεt ciëën në ye kɔ̈u.

Acï nyaŋ bën ŋic man cï jö ŋic man kɔɔr bë cam. Nyaŋ acië ye nom bën tak në kueer ben jö dhoom. Nyaŋ acië jö bën yɔ̈ɔ̈k, "Mäth dïëën nhiaar, yeŋö yïn rɔt nuaan ba dek në pïu ke yï cië yï thar dhɔ̈ɔ̈t? Yeŋö cïn rɔt mët në pïu yiic ba bën dek apieth ke yï cië yï guɔ̈p päl piny? Aca tak bukku määth wɔ yï"

Acï jö bën dhuk, "Mäth, yeŋö nhiεεr yïn ya arët wuya? Arëk ke yï jal piɔ̈l tɔ̈u wudï, të yaat ɣen në yï thok ku jɔl ya cam? Ɣεn dëk ke ɣa cië ɣa thar dhɔ̈ɔ̈t të mec ago ɣa cuɔ̈k cam"

Acï nyaŋ bën dhöl man kɔɔr bë jö cam. Nyaŋ acië rɔt bën cuɔ̈t jö ke dal, go jö kɛtwei ku wɛɛn nyaŋ wath thok. Jö acië nyaŋ bën waan wath thok ke nëk cɔk. Acï nyaŋ jal bën ŋic man cië läi juëc pɛl de jal ŋic, të cen në jö ye ŋic man e kɔɔr bë cam.

Kë piööc akëköl: Duk määth we raan lëu bï yï möör.

10.1 Thëm de nom

10.1.1 Lɔc töŋ yeyic në ye ka cië thïïc piinykë yiic?

1) Yeŋö e cɔk jö lɔ wïïr?
    a) Jö acï cɔk dɔm
    b) Jö acië yal
    c) Jö acï reu dɔm
    d) B & C aaye yith

2) Yeŋa e cië yal akëkölic?
    a) E baak
    b) E Jö
    c) E nyaŋ
    d) A & B aaye yith

3) Yeŋa cië cɔk akëkölic?
    a) E baak
    b) E Jö
    c) E nyaŋ
    d) A & B aaye yith

4) Yeŋö e cï jö tïŋ në pïu yiic?
    a) E nyaŋ
    b) E cäl
    c) E areu
    d) E rɔu

5) Yeŋö e yen jö pïu lap ke cië ye thar dhööt?
    a) Acië riööc në nyaŋ
    b) Acï nyaŋ yöök bë dek ke cië ye thar dhööt
    c) Jö e dek thɛɛr ke cië ye thar dhööt

d) Jö akën pïu lap ke cië ye thar dhɔ̈ɔ̈t
6) Yeŋö e yen në jö dek ke lɔ ke ɣoi nyaŋ?
    a) E bë kë looi nyaŋ ɣoi apieth
    b) E bï nyaŋ cuɔ̈k tuŋ ku ciɛm
    c) E bï nyaŋ cuɔ̈k dhɔm ku ciɛm
    d) Keka tɔ̈ nhialkë aaye yith kedhia
7) Yeŋö e ye jö looi të cut e nyaŋ rɔt ye?
    a) Jö acië nyaŋ bën ya ŋäär bë riääcic
    b) Jö acië nyaŋ bën ya kac në ye lec bë riääcic
    c) Jö acië nyaŋ bën ya biök bë riɔ̈ɔ̈c
    d) Jö acië bën ya kɛtwei të cut e nyaŋ rɔt ye
8) Cië jö ŋö bën looi ɣɔn cen në nyaŋ rɔt cuɔ̈t ye ke dal?
    a) Jö acië nyaŋ bën tiit bï kë jam
    b) Jö acië nyaŋ bën kac nom bë nyaŋ dhuk wiir
    c) Jö acië bën kɛtwei bï nyaŋ cuɔ̈k cam
    d) Acïn kë ye yic në ye ka tɔ̈ nhialkë
9) Cië jö nyaŋ bën waan të nou?
    a) Acië nyaŋ bën waan në tim thar
    b) Acië nyaŋ bën waan në wëër ciɛlic
    c) Acië nyaŋ bën waan wath thok
    d) Acië nyaŋ bën waan në waliic
10)   Yeŋö e yen në nyaŋ rɔt cuɔ̈t jö ke dal?
    a) Akɔɔr bë jö wet nyin
    b) Akɔɔr be jö cam
    c) Akɔɔr bë jö dhoom
    d) Keka tɔ̈ nhial kë, aaye yith kedhia

10.1.2 Dhuk ye thiëc tɔ̈ piinykë nhïïm:

    1) E ŋic nyaŋ yedï man cï jö ŋic man kɔɔr bë cam?
    2) E ŋic jö yedï man kɔɔr nyaŋ bë cam?
    3) Yeŋö piööc akëköl?
    4) Yeyï ŋa jiɛɛm akëkölke?

5) E nyaŋ tö të nou γɔn bïï jö bë bën dek?
6) E jö kääc të nou γɔn tïŋ yen nyaŋ?
7) Yeŋa pel akëkölic? Yedï?
8) Yeŋa ye dhɔ̈n akëkölic? Yedï?
9) Yeŋa ril në kaam de nyaŋ ke jö?
10)   Yeŋö cï jö bën tak γɔn cen yal?

10.1.3 Yeŋö ye luɛɛl de ke wël töu piinykë cië tö kek akëkölic?

Cɔk	Mäth
Ciëën	Mɔ̈ɔ̈r
Dal	Nhiaar
Dek	Nhiɛɛr
Dëk	Nhiëër
Dɔl	Nuaan
Dhɔ̈ɔ̈t	Nyaŋ
Dhɔ̈n	Pel
Dhoom	Pɛl
Göör	Waan
Jö	Wath thok
Kueer	Wëër
Lap	Wïïr
Määth	Yaat

11.0 Agɔŋ pel ku nyaŋ cië bël

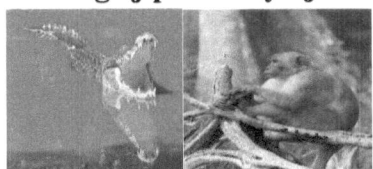

Na yɔn në run juëc cië wan, ke agɔŋ pel nom acëŋ në ŋaap nom në wëër yɔu. Agɔŋë, amääth ke nyaŋ. Nyaŋ acëŋ wëric. Nyaŋ acië tul de looi ku wel thok wïïr. Agɔɔk aye nyïn ke ŋaap tet në nyindhia ku miɔɔc nyaŋ. Nyaŋ acië nyïn ke ŋaap bën ya yiën tiŋde baai. Tiŋ de nyaŋ acië monyde bën thiëc të yen nyïn ke ŋaap lɔ bëi thïn. Acï nyaŋ bën lëk tiŋde man ye agɔɔk yen e ye tët në nyïn ke ŋaap. Acï nyaŋ bën lëk tiŋde man mëëth ke agɔɔk. Tiŋ de nyaŋ akën piɔ̈u bën miɛt në määth de monyde ke agɔɔk.

Acï tiŋde nyaŋ bën tak bë määth de agɔɔk ke monyde pääk. Tiŋ de anyaŋ acië rɔt bën cɔk bec ku ye cäm rɛɛc. Na bïï monyde nyïn ke ŋaap keka reec ke. Na bïï monyde rïŋ ku rëc keka reec ke aya. Tiŋ de nyaŋ acië bën töu në nïn juëc ke cï cäm. Nyaŋ acië nom bën riɛɛr apɛi në kë bë looi.

 Na yɔn në kööl tök, ke tiŋ de nyaŋ acië monyde bën cɔɔl ku yöök ye kɔɔr bë cam. Acië bën lëk monyde, "Aca tak ba piɔ̈n agɔɔk cuet. Piɔ̈n agɔɔk amit aka wär nyïn ke ŋaap". Nyaŋ acië piɔ̈u bën miɛt në wët cen në tiŋ de piɔ̈u naŋ kë bë cam. Nyaŋ ke tiŋde aacië bën mat bï kë agɔɔk cöɔ̈l paan den. Acï nyaŋ ke tiŋde bën mat bï kë agɔɔk nɔ̈k ku rëët kë piɔ̈n de bei. Nyaŋ acië bën lɔ ku lëk agɔɔk bï kë lɔ paande. Agɔɔk acië cöt de nyaŋ bën gam. Paan de nyaŋ atöu në wëër lɔŋtï. Aake cië tul den looi ke wel kë thok wïïr. Agɔɔk akuc kuaŋ. Agɔɔk acï nyaŋ bën cɔk yɔɔt në ye köu ku bï kë wëër teem keke lɔ paan de nyaŋ.

Nyaŋ acië agɔɔk bën guiëër nhiëër nhiɛɛr e tiŋde piɔ̈n agɔɔk. Acï nyaŋ bën lëk agɔɔk man cië tiŋde piɔ̈n agɔɔk ŋäŋ arët. Acï nyaŋ bën lëk agɔɔk ye cï tiŋde lëk ye, "Piɔ̈n agɔɔk apac arët aka wär nyïn ke ŋaap".

Na wën lɔ agɔɔk aburo de mäthde deetic, go ye nom dac tak ku lëk math de, "Mäth, ɣɛn cië nom määr në piɔ̈n dï baai. Dhuɔ̈k kë ɣa nom paan dië ba piɔ̈n dï lɔ bëi." Nyaŋ acië ye nom bën wel në wëër ciɛlic ku dhuk agɔɔk agör thok bë piɔ̈n de lɔ lööm baai.

Na ye cup kë agör thok, ke agɔɔk yɔɔt agör nom e kuek ku wɛɛn nyaŋ në pïu yiic. Agɔɔk acië nyaŋ bën yɔ̈ɔ̈k, "Mäth, yïn bë jɔl lɔ të nɔŋ tiŋ du yï tök, ɣɛn cï kɔn bɛɛr lɔ paan du agut ba thou. Wët du aca bë bɛɛr gam në kööl dët. Määthda wɔ yï acië thök në ye köölë"

Agɔɔk acië bën jäl ku wɛɛn nyaŋ wath thok ke cië gäi. Agɔɔk akën nyaŋ bën bɛɛr ya miɔɔc në nyïn ke ŋaap cië man thɛɛr wään mëëth kek. Nyaŋ acië bën lɔ baai ye tök bë tiŋde lɔ guiëër kë cië rɔt looi. Yen acië bën ya thök de määth agɔɔk ku nyaŋ.

Kë piööc akëköl: Na nɔŋ kë ril cïn yïn lɔ thïn, ke yï päl e yï guɔ̈p piny ku tak yï nom apieth në kë bï yï kony. Ke ye tak, yen ke yï kony në kë racic.

11.1 Thëm de nom
11.1.1 Lɔc töŋ yeyic në ye ka cië thïïc piinykë yiic:
1) Ye läi kou jam akëkölic?
    a) E Agɔɔk ku nyaŋ
    b) E nyaŋ ke tiŋde
    c) E Agɔɔk ke tiŋde
    d) E agɔɔk ku nyaŋ ke tiŋde
2) Agɔɔk amääth ke ŋa?

  a) Amääth ke rëc
  b) Amääth ke tiŋde nyaŋ
  c) Amääth ke nyaŋ
  d) Acïn raan määth ke agɔɔk akëkölic
3) E nyaŋ cëŋ të nou?
  a) Nyaŋ acëŋ në wëër lɔŋtï
  b) Nyaŋ acëŋ në tulic
  c) Nyaŋ acëŋ në tulic në wëër lɔŋtï
  d) Nyaŋ acëŋ wïïr
4) Agɔɔk cëŋ të nou?
  a) Agɔɔk acëŋ në tiimiic
  b) Agɔɔk acëŋ në ŋaap nom
  c) Agɔɔk acëŋ në pïu thook
  d) Agɔɔk acëŋ wïïr
5) Yeŋö cï agɔɔk bën mat ke tiŋde?
  a) Aacï kë bën mat bë nyaŋ agɔɔk lɔ nɔ̈k ku le piɔ̈n de bëi
  b) Aacï kë bën mat bï kë agɔŋ cëŋ në ŋaap nom cɔ̈ɔ̈l baai ku bɔ̈ ku näk kë
  c) Aacï kë bën mat bï kë agɔɔk lɔ deep adëëp
  d) Aacïn kë cï kë bën mat
6) Yeŋö e cï tiŋ agɔɔk lueel ye kɔɔr bë cam yɔn cen piɔ̈u naŋ cäm?
  a) Acië lueel ye bë lɔ yiën piɔ̈n agɔɔk
  b) Acië lueel ye bë lɔ yiën cuäny agɔɔk
  c) Acië lueel ye bë lɔ yiën rok ke agɔɔk
  d) Acië lueel ye bë lɔ yiën göyɔ̈ɔ̈k ke agɔɔk
7) Yeŋö e yen në tiŋ agɔɔk cäm rɛɛc në nïn juëc?
  a) Akɔɔr bë määth de monyde ke agɔɔk pääk
  b) Akɔɔr bë agɔɔk cɔk näk
  c) Acï tuil de piɔ̈n agɔɔk dɔm
  d) Akɔɔr bë monyde nyïn ke ŋaap cuɔ̈k ye bɛɛr bëi

8) Yeŋö cï agɔɔk bën looi ɣɔn cen në nyaŋ ye guiëër man cië tiŋde piön agɔɔk ŋäŋ?
    a) Agɔɔk acië bën yɔɔt në pïu yiic ku teem wëër ke kuaŋ bë jäl
    b) Acï agɔɔk bën lëk mäthde bë dhuɔ̈k nom në wëër lɔŋtï
    c) Acï agɔɔk bën lueel ye cië nom määr në piön de baai
    d) B & C aaye yith

9) E tiŋ agɔ̈ɔ̈k cië cäm rɛɛc në nïn kedï?
    a) Acië cäm rɛɛc në kööl tök
    b) Acië cäm rɛɛc në nïn ke reu
    c) Acië cäm rɛɛc në nïn juëc
    d) Acië cäm rɛɛc në nïn ke diäk

10)   Ye mïïth kou cï tiŋ agɔɔk ke bën ya rɛɛc ɣɔn cen ye lueel ye cië tuaany?
    a) Acië nyïn ke ŋaap bën ya rɛɛc në cäm
    b) Acië rëc bën ya rɛɛc në cuët
    c) Acië rïŋ bën ya rɛɛc në cuët
    d) Keka töu nhial kë aaye yith kedhia

11)   Agɔɔk kɔɔr bë wëër teem yedï?
    a) Akɔɔr bë wëër teem ke kuaŋ
    b) Akɔɔr bë wëër teem në riän wïïr
    c) Akɔɔr bï tiŋde nyaŋ tëm wëër
    d) Akɔɔr bï nyaŋ tëm wëër

12)   E piŋ agɔɔk në ŋa man kɔɔr bë lɔ nɔ̈k ku bë piön de lɔ rëët bei bï tiŋde nyaŋ cuet?
    a) Aɲic në yen, ye tök
    b) Alëk e tiŋ agɔɔk ye
    c) Aguïïr e nyaŋ ye, ɣɔn teem kek wëër
    d) Apiŋ në në rëc man kɔɔr nyaŋ bë lɔ nɔ̈k

11.1.2 Dhuk ye thiëc töu piinykë, nhïïm:

1) E paan de nyaŋ tɔ̈u të nou?
2) Yeŋa ŋic kuaŋ akëkölic?
3) Yeŋö cï nyaŋ bën looi γɔn cen agɔɔk ye lueel ye cië piönde waan baai?
4) Yeŋö cï agɔɔk bën lëk nyaŋ γɔn cen dhuk agör thok?
5) Yeŋa pel nom akëkölic? Yedï?
6) Yeŋa cië bël akëkölic? Yedï?
7) Cië tiŋde nyaŋ piön de agɔɔk bën thiëëp?
8) Yeŋa cië agɔɔk bën cɔk poth, bë cuɔ̈k näk?
9) Yeŋö cï tiŋde agɔɔk bën tak γɔn cen tuaany?
10) Yeŋö e cɔk agɔɔk määth ke nyaŋ?
11) Ɖot yï agɔɔk ke nyaŋ keke ye mäth e man në?
12) Yeŋa e pëëk määth de nyaŋ ke agɔɔk?

11.1.3 Yeŋö ye luɛɛl de wël tɔ̈u piinykë, cië man tɔ̈ kek akëkölic?

Agɔɔk	Pɛl
"Agör thok" "	Reec
Amääth	Reet
Apac	Rɛɛc
Bëc	Rëët
Määth	Teem
Mat	Tëëm
Mät	Tiŋde
Mäth	Tuaany
Mëëth	Waan
Monyde	Wään
Nyaŋ	"Wath thok"
Ɖaap	Wɛɛn
Ɖäŋ	Wëën
Pääk	Wëër
Pel	"Wëër yɔu"

Pëëk	Wiir

12.0 Awan cïn thar yöl

Na yɔn ke awan akɔɔr bë lɔ kual në miöŋ de ciëc. Awan aye cool ke lɔ kual në miöŋ de ciëc dom tök. Awan në, acï raan de dom bën kueeth arët. Ciëc acië miöök në kökic. Aye köŋdït apɛi kuka nɔŋic miöŋdït. Awan aŋic nïn yen në ciëc ke miöök. Awan aye dɔc bën ku kuɛl miöŋ de ciëc. Awan aye raan de dom dhäŋwei ku lɔ ku kuɛl miöŋ de ciëc. E kën në, acï raan de dom bën maan arët.

Raan de dom acië ye nom bën tak në kë bï looi ago Awan miöŋ de ciëc cuɔ̈k ye bɛɛr kual. Raan de dom acië adëëp bën dɛɛp në kök thok yɔn cen në nïn ke tëm de miöŋ de ciëc thiɔ̈k. Awan aye bën ku cook ye yöl në kökic bë miöŋ de ciëc rum. Awan acië bën cop në kök thok ku yɔɔk ye yöl në kökic cië man dɛɛn theer bë miöŋ de ciëc kual. Raan de dom acië thiaan domic të mec kë kök amääth bë awan buuth.

Awan acië bën bën e pörpör ku cook ye yöl në kökic bë miöŋ de ciëc kual. Na ye mïït ye yöl bei në kökic ke cï luäŋ. Awan acï adëëp bën dɔm yöl aril. Awan acië bën päu ku them arët bë ye yöl mïëët bei adëëpic go cuɔ̈k luäŋ. Acië bën them arëtic ku cï luäŋ. Awan acië bën kuui arët go raan de dom piŋic.

Raan de dom acië bën bën ke kat wën cen awan tïŋ ke cië wëc. Awan acië bën yɔɔt nhial ke dhiau ku wuth rɔt arët ke cië riɔ̈ɔ̈c. Awan acië yɔ̈l bën tem adëëpic ke raan de dom kën cop në kök thok. Awan acië bën kɛtwei ke cië yɔ̈l tɛɛm. Acië bën kɛt roor ke kuëër thar ku yɔ̈l aliu në ye thar. Raan de dom acië piɔ̈u bën riääk apɛi në kë cen awan bɛɛr poth.

Awan acï awën kɔ̈k bën ya tïŋ, ku kɛt kë në yeen. Awan acië guɔ̈p bën ya riɔ̈ɔ̈c bë lɔ awën kɔ̈k yiic në kë cïn yen thar yɔ̈l. Awan acië ye nom bën tak në kë bë looi. Acië bën tak bë amat cɔɔl bë kë cië tak bën lëk awën kɔ̈k. Acï awan cië yɔ̈l tɛɛm bën lëk awën bï kë yɔ̈ɔ̈l ken tëëm bei në ke thäär. Acië bën lueel, "Yɔ̈l arac. Yɔ̈l, yen e wɔ cɔk dɔm kɔc ke ateerkuɔ ke"

Na wën piŋ bäny de awën kë cï awan lueel, go awan thïïc, "Tɔ̈ yɔ̈l du të nou në yï thar Awan?" Go Awan dhuk, "Yɔ̈l dï acië tem në kökic ke ya kuël në miöŋ de kiëc". Acï bäny de awën bën dhuk, "Na në yɔ̈l du tɔ̈ në yï thar e të kën në wɔ luk bukku yɔ̈ɔ̈l kuɔ tɛɛmwei ago ku thöŋ në yïïn. Yïn luk wɔ bukku thäär lɔ gutut cië yïïn"

Kë piööc akëköl: Duk jiëëm de raan kɔɔr bï yï miɛɛt nom piny, gam.

12.1 Thëm de nom

12.1.1 Lɔc töŋ ye yic në ye ka cië thïïc piinykë yiic:
1) Ye awën kedï e ke tɔ̈ amatic?
    a) Aaye awën ke dhorou
    b) Aaye awën ke bët
    c) Aaye awën ke dhoŋuan

    d) Aaye awën juëc
2) Yeŋö e yen awan cië yöl tɛɛm guöp riööc bë lɔ awën kɔ̈k yiic?
    a) Awan aye awën tïŋ ku kɛtwei
    b) Amɛɛn awan bë kë cië rɔt luöi ye cɔk ŋic awën kɔ̈k
    c) Akɔɔr awan cï awën kɔ̈k bë ŋic man ye cuëër
    d) Keka tö nhialkë kedhia aaye yith
3) E ciëc cië miöök në ŋö yic?
    a) Ciëc acië miöök në tulic
    b) Ciëc acië miöök në kökic
    c) Ciëc acië miöök në tim nom
    d) Ciëc acië miöök në tim thar
4) Yeŋa e cɔl amat?
    a) E bäny de awën yen acɔl amat
    b) E awën kedhia keka cɔl amat
    c) Awan cië yöl tɛɛm yen acɔl amat
    d) Acïn amat e cië cɔɔl
5) E raan de dom cië adëëp dɛɛp të nou?
    a) Raan de dom acië adëëp dɛɛp domic
    b) Raan de dom acië adëëp dɛɛp në tim nom
    c) Raan de dom acië adëëp dɛɛp në tim thar
    d) Raan de dom acië adëëp dɛɛp në kɔ̈k thok
6) Awan ye miöŋ de ciëc kual yedï?
    a) Awan aye ye thok cuɔɔk në kökic, ku kuɛl miöŋ de kiëc
    b) Awan aye ye cök cuɔɔk në kökic ku kuɛl miöŋ de kiëc
    c) Awan aye ye yöl cuɔɔk në kökic, ku kuɛl miöŋ de kiëc
    d) Awan aye ye liep cuɔɔk në kökic, ku kuɛl miöŋ de kiëc
7) E raan de dom cië thiaan të nou?

    a) Raan de dom acië thiaan domic
    b) Raan de dom acië thiaan në wëër nom
    c) Raan de dom acië thiaan në tim nom
    d) Raan de dom acië thiaan në butic

8) Cië awan bën bën yedï në kööl ɣɔn wëi yen adëëpic?
    a) Awan acië bën bën e rämräm ku cook ye yɔ̈l në kökic
    b) Awan acië bën bën e pɔ̈rpɔ̈r ku cook ye yɔ̈l në kökic
    c) Awan acië bën e räŋräŋ ku cook ye yɔ̈l në kökic
    d) Awan acië bën bën e waaŋwaaŋ ku cook ye yɔ̈l në kökic

9) Yeŋö e yen awan cië yɔ̈l tɛɛm awën yɔ̈ɔ̈k bï kë ke yɔ̈ɔ̈l ken tɛɛmwei?
    a) E wët e mɛɛn awën awan cië yɔ̈l tɛɛm
    b) E wët e cen yɔ̈l tɛɛm ku wëëc ke awën kɔ̈k kë
    c) Akɔɔr awan cië yɔ̈l tɛɛm bë awën kɔ̈k kë thöŋ në ye
    d) Acïn kë yeyic në ye ka töu nhialkë

10)   Yeŋö e cɔk ye piŋ raan de dom man cië awan wëc?
    a) Raan de dom adaai awan ɣɔn bïʼ yen
    b) Awan acië kuui arët go raan de dom piɲic
    c) Awan acië kiu go raan de dom piɲic
    d) Awan acië awën kɔ̈k cɔɔl, go raan de dom piɲic

11)   Yeŋo e cɔk awan tɛɛm yɔ̈l?
    a) Awan ateem adëëp yɔ̈l
    b) Awan ateem awën kɔ̈k yɔ̈l
    c) Awan ateem raan de dom yɔ̈l
    d) Awan akën yɔ̈l tɛɛm

12)   Cië raan de dom bën bën yedï ɣɔn cen awan wëc?
    a) Raan de dom acië bën ke cath amääth
    b) Raan de dom acië bën bën ke kat

　　　　c) Raan de dom acië bën bën ke cath arët
　　　　d) Raan de dom akën bën bën
　13)　Yeŋö e cɔk raan de dom riääk piɔ̈u?
　　　　a) E kë cen awan miöŋ de ciëc kual
　　　　b) E kë cen awan yɔ̈l tɛɛm
　　　　c) E kë cen awan bɛɛr poth
　　　　d) E kë e yen awan cool ke kual miöŋ de ciëc
　14)　Cï awan bën dhuk yedï ɣɔn cen bäny de awën ye thiëc të tɔ̈u e yɔ̈l de thïn?"
　　　　a) Acï awan bën dhuk, "Yɔ̈ldï akën tem në kökic".
　　　　b) Acï awan bën dhuk, "Yɔ̈ldï acië tem në kökic ke ɣa thal miöŋ de ciëc".
　　　　c) Acï awan bën dhuk, "Yɔ̈ldï acië tem në kökic ke ɣa ɣɔɔc miöŋ de ciëc".
　　　　d) Acï awan bën dhuk, "Yɔ̈ldï acië tem në kökic ke ɣa kuël në miöŋ de ciëc".

12.1.2 Dhuk ye thiëc cië thïïc piinykë nhïïm
　　　1) Yeŋö e yen awën awan cië yɔ̈l tɛɛm tïŋ ku kɛtkë?
　　　2) Yeŋö e cöl awan amat?
　　　3) Yeŋö e cï awan lueel, yeye rëëc de yɔ̈l?
　　　4) Yeŋö cï bäny de awën bën thiëc awan tueŋ?
　　　5) Awan tɛɛm yɔ̈l ke loi ŋö?
　　　6) Cï bäny de awën bën dhuɔ̈k awan yedï?
　　　7) Yeŋö piööc akëköl?
　　　8) Yeyï ŋa jiɛɛm akëköl ke?
　　　9) Yeŋö ye luɛɛl de, "buku thäär lɔ gutut cië yïïn?"
　　　10)　Yeŋö ye luɛɛl de, "bukku yɔ̈ɔ̈l kuɔ tɛɛmwei?"
　　　11)　Yeŋö ye luɛɛl de, "Awan acië bën päu?"
　　　12)　Yeŋö ye luɛɛl de, "Awan acië bën kuui arët?"

12.1.3 Yeŋö ye luɛɛl de ke wël tɔ̈ piinykë?
| Ateer | Kuɛl |

Adëëp	Kuui
Ater	Maan
Buuth	Man
Cook	Miɛɛt
Cool	Miëët
Deep	"Miɛɛt nom piny"
Dɛɛp	Miit
Dhäŋwei	Miök
E pörpör	"Miöŋ de kiëc"
E rämräm	Mit
E räŋräŋ	Riööc
E waaŋwaaŋ	Rum
Ɣɔɔk	Teem
Kök	Tɛɛm
"Kök thok"	Thäär
Kökic	Thar
Kual	Yööl
Kuëër	"Yɔɔt nhial"
Kuël	Yöl

13.0 Awan ku gaŋ muk akukuäth

Na ɣɔn në kööl tök, ke awan abö ke cath, go bö ku tïŋ gak ke cië nyuc në këër de tim köu. E gaŋ ë, amuk akukuäth në ye thok.

Acï awan bën tak në ye piɔu ke akukuäth mit arët. Acï wan bën tak bë akukuäth lööm bë cam. Awan acië bën lɔ në tim thar ku lɔ ku dɛɛi në gak ke cië piɔu miɛt.

Awan acië gak bën mɔɔth ke mit piɔu, "Cië yï ruɔ̈n gak mɛɛnh kääi, yeŋö cïn dhuëŋ wu ya në ye köölë? Nyïnku ku nakku adhuëŋ arët. Aŋääth ke yï ye ket apieth aya. Yïn nɔŋ röl pieth arët. Yïn wär diɛt kedhia në kët. Kët të ya din tök ban yï mɔɔth ke yï ye bäny de diɛt në lɔŋ de kët" Awan aŋic kë looi. Aŋic ke akukuäth bë lööny piny të ket e gak dit.

Gak acië piɔu bën miɛt arët, në lɛc cen awan ye lɛc nom. Gak acië piɔu bën lɔ yum në kë cen awan ye cɔl bäny de diɛt në lɔŋ de kët. Gak acië piɔu bën miɛt ku liep ye thok bë ket ago awan röl pieth de piŋ. Akukuäth acië bën lööny piny në ye thok wën liep yen ye thok bë ket. Awan acië akukuäth bën kaaŋic në ye thok ku ciɛm. Awan acië akukuäth bën laŋ thok ke gak daai në ye, e cɔpcɔp.

Acï wan bën lueel, "Ce wët kan. Yen cië kë e bëi yen në tim thar yök. Cɔk rɔt jääm gak, na ye kööl dët, ke yï duk wët de raan dhom yï gam."

Awan ajiëëm gak ke bui guɔ̈p. Awan acië bën jäl ke cië piɔu miɛt arët në miëth dɛɛn cië yök ke cïn tui. Gak acië bën döŋ në këër de tim kɔu ke cië piɔu riääk apɛi. Gak acië bën döŋ ke nëk cɔk.

Kë piööc akëköl: Raan ye kɔc dhoom, e pïïr në kake kɔc ye ke wet nyïn.

13.1 Thëm de nom

13.1.1 Lɔc töŋ yeyic në ye ka cië thïïc piinykë yiic:

1) E gak cië nyuc në ŋö köu?
    a) Gak acië nyuc në tim nom
    b) Gak acië nyuc në tim köu
    c) Gak acië nyuc apäm de tim kɔu
    d) Gak acië nyuc në këër de tim
2) Yeŋa pel nom akëkölic?
    a) E gak yen apel nom akëkölic?
    b) E awan yen apel nom akëkölic
    c) E gak ku awan keka pel nïïm akëkölic
    d) Acïn raan pel nom akëkölic
3) Cië gak bën döŋ yedï yɔn cen akukuäth lööny piny në ye thok?
    a) Gak acië bën döŋ ke kueth
    b) Gak acië bën döŋ ke nëk cɔk
    c) Gak acië bën döŋ ke dhiaau
    d) Gak acië bën döŋ ke mit piɔu
4) Yeŋö e muk gak në ye thok?
    a) Gak amuk rëc në ye thok
    b) Gak amuk rïŋ në ye thok
    c) Gak amuk akukuäth në ye thok
    d) Gak amuk awac në ye thok
5) Yeŋö cï awan bën tak yɔn cen gak tïŋ ke muk akukuäth në ye thok?
    a) Acië bën tak bë akukuäth lööm ku bë cam
    b) Acië bën tak bë gak lim bï gak yiën biäk akukuäth
    c) Acï awan bën tak bë akukuäth rum të nɔŋ gak
    d) Aci awan bën tak bë gak cuɔk lim akukuäth
6) Yeŋö e yen awan gak mɔ̈ɔ̈th ke mit piɔu?
    a) Awan akɔɔr bë gak cɔk mit piɔu
    b) Awan akɔɔr bë gak dhoom
    c) Awan amäth gak ke göth
    d) Awan akën gak mɔ̈ɔ̈th
7) Yeŋö e cɔk gak mit piɔu?

- a) Gak acië kuɛth akukuäth
- b) Gak akën piɔ̈u miɛt
- c) Gak amit piɔ̈u në lɛc cen në awan ye leec
- d) Gak acië piɔ̈u riääk në lɛc cen në awan ye leec

8) Awan määth ke gak?
- a) Awan ke gak aake määth arët
- b) Awan ke gak aake cï määth
- c) Awan ke gak aake nɔŋ ater në kɛm ken
- d) Awan ke gak aake ruääi

9) Yeŋö e yen awan gak dhoom bë ket?
- a) Akɔɔr awan bë röl pieth de gak piŋ
- b) Akɔɔr awan bë akukuäth muk gak lööny piny në ye thok
- c) Akɔɔr awan bë gak piɔ̈u miɛt
- d) Akɔɔr awan bï gak ŋic man yen wär diɛt kedhia në kët

10) Cië awan gak bën jääm yedï, yɔn cen akukuäth cam?
- a) Awan ajiëëm gak ke rïu guɔ̈p
- b) Awan ajiëëm gak ke tɔɔnic
- c) Awan ajiëëm gak ke bui guɔ̈p
- d) Awan ajiëëm gak ke nhiɛɛr guɔ̈p

11) Yeŋö e ŋic awan ke bë rɔt looi të kët e gak?
- a) Aŋic awan ke akukuäth cï bë lööny piny të kët të gak
- b) Aŋic awan ke akukuäth bë lööny piny të kët e gak
- c) Aŋic awan ke gak bë akukuäth kɔn cam ku jɔl ket
- d) Aŋic awan ke gak cï bë ket ke muk akukuäth në ye thok

12) Yeŋö cï awan bën looi yɔn cen akukuäth lööny piny në gak thok?
- a) Awan acië bën jäl ku wɛɛn akukuäth në tim thar
- b) Awan acië akukuäth bën kaaŋic ku ciɛm

c) Awan acië gak bën dɔl guɔ̈p ku ciɛm akukuäth
d) Awan acië gak bën cam

13.1.2 Dhuk ye thiëc tɔ̈u piinykë nhïïm:
1) Yeŋö e yen në gak ye lueel ye wär gak diɛt kedhia në kët?
2) Yeŋö piööc akëköl?
3) Ye yïŋa jam akëkölic?
4) Yeŋa cië dhoom akëkölic?
5) Yeŋö cï awan bën lueel yɔn cen akukuäth cam?
6) Yeŋö cï awan bën lëk gak bï cuɔ̈k loi në kööl dët?
7) Yeŋö ca nhiaar akëkölic?
8) Yeŋö ye luɛɛl de, "Nyïnku ku nakku adhuëŋ arët?"
9) Ye raan ye kɔc dhoom pïïr yedï?
10) Cië gak bën döŋ në këër de tim kɔ̈u ke yïn dï?
11) Yeŋa pel nom akëkölic? Yedï?
12) Yeŋa cië bël akëkölic?

13.1.3 Yeŋö ye luɛɛl de ke wël tɔ̈u piinykë cië tɔ̈ kek akëkölic?

Adhuëŋ	Leec
Akukuäth	Lɛc
Aŋääth	Looi
Awan	"Lööny piny"
Bui	Mɔ̈ɔ̈th
Daai	"Mɛɛnh kääi"
Dhom	Nak
Dhoom	Nakku
Döŋ	Nɔk
Gak	Nyin
Kaaɲic	Nyïnku
Këër	Röl

14.0 Muul ceŋ biöŋ de köör

Na ɣɔn ke muul tök acië rɔt piöth në biöŋ de kööric. Acië rɔt waaŋ bë ciët köör. Muul ayök biöŋ de köör ke cï ayiëëp kɔ̈ɔ̈r në kät thok, go lööm ku lɔ piöth në ye kɔu. Acï muul tak bë läi ya math ago kë ya riɔ̈ɔ̈c në yeen.

Läi aacië bën ya riɔ̈ɔ̈c të tïŋ ke muul ke bɔ̈. Kɔc aacië bën ya riɔ̈ɔ̈c në ye muulë aya, luel kë ye bë läi ken cam. Na tïŋ läi, keka miɔ̈ɔ̈t luelkë ye cï kë köör tïŋ. Läi kedhia nɔŋiic aŋuɔ̈ɔ̈th, kuëc, ɣɔ̈k ku läi kɔ̈k aacië muul bën ya gäm athɛɛk dït. Läi kedhia aacië röth bën ya mɛɛcwei në muul lɔ̈ɔ̈m.

Acï muul gam në ye piɔu ke cië ya köör pacɔk. Acië läi ku kɔc bën ya cool keke mɛth ke. Na tïŋ läi muul, keka thuny abï kë ke yëth dï dhoŋ. Na tïŋ kɔc ye muulë, keka kat bï kë ɣɔk ken, thök ken ku amël ken lɔ tïŋ ago köör ke cuɔ̈k cam. Kɔc aacië bën gäi apɛi në köör dët ye cool ke mɛth läi ku cïn lɛn ciɛm.

Na ɣɔn në kööl tök, ke muul acië bën kiu akɔ̈l ciɛlic ke kuany baai yic. Muul acië nom määr man cië biöŋ de köör piöth në ye kɔu. Akuc muul man cië rɔt guɛɛl ye tök akɔ̈l ciɛlic. Acï kɔc ku läi jal bën ŋic man ye muul yen cië rɔt piöth në biöŋ de kööric.

Kɔc aacië atueel bën lööm ku that kë muul abï kë thööŋ. Aacië muul bën that abï kë nɔ̈k. Muul acï këde nomde bën nɔ̈k abë thou. E kë looi muul në yen, yen acië ye bën nɔ̈k. E muul e ye guɔ̈p abëël. Aye muul cië bël (dïn).

Kë piööc akëköl: Duk rɔt waŋ ba ya raan dët në ŋö raan pieth e yïïn. Duk rɔt cɔk lec ku duk rɔt cɔk thek në kë kën në looi.

14.1 Thëm de nom

14.1.1 Lɔc töŋ yeyic në ye ka cië thïïc piinykë yiic:

1) E biöŋ de köör cï ayiëëp kɔ̈ɔ̈r të nou?
    a) Biöök acï adëëp kɔ̈ɔ̈r në tim nom
    b) Biöök acï adëëp kɔ̈ɔ̈r në kät thok
    c) Biöök acï adëëp kɔ̈ɔ̈r në kal thok
    d) Biöök acï adëëp kɔ̈ɔ̈r në ɣöt nom

2) Yeŋö e yen läi miööt të bïï muul ceŋ biöŋ de köör në ke lɔ̈m?
    a) Läi aake ye riɔ̈ɔ̈c në muul
    b) Läi aake ye riɔ̈ɔ̈c luelkë ye cï kë köör yök
    c) Läi aake ce miööt të tïŋ kek köör
    d) Läi aake ye muul ceŋ biöŋ de köör cop të cï ke ye tïŋ

3) Ye läi kou ke cï muul ke bën ya cool ke mɛth ke?
    a) E läi kedhia
    b) E kɔc
    c) A & B
    d) Acïn läi e ke ye muul ke math

4) Yeŋö e ye kɔc looi të cï kek muul ceŋ biöŋ de köör tïŋ?
    a) Kɔc aacië bën ya kat bï kë lɔ thiaan të cï kek köör tïŋ
    b) Kɔc aacië bën ya kat bï kë läi ken lɔ tïŋ ago köör ke cuɔ̈k cam

      c) Acïn kë e ye kɔc looi të cï kek muul tïŋ, aaŋic kë, ke ye muul abac
      d) Kɔc aake ye muul that ku cop kë, të cï ke ye tïŋ
5) E muul kiu nɛn?
      a) Muul akiu ɣɔn akɔ̈u
      b) Muul akiu ɣɔn akɔ̈l ciɛlic
      c) Muul akiu ɣɔn thëëi
      d) Muul akiu ɣɔn miäk duur
6) Yeŋö cië kɔc bën cɔk gäi?
      a) Kɔc aacië bën gäi në muul dët ye cool ke mɛth läi ku cïn lën ciɛm
      b) Kɔc aacië bën gäi në köör dët ye cool ke mɛth läi ku cïn lën ciɛm
      c) Kɔc aacië bën gäi në köör dët ye cool ke mɛth thök ku cïn thɔ̈k ciɛm
      d) Kɔc aacië bën gäi në köör dët ye cool ke mɛth ɣɔ̈k ku cïn weŋ ciɛm
7) Yeŋö e cɔk muul cië rɔt piɔ̈th në biöŋ de kööric ŋic kɔc man ce köör?
      a) Muul acië rɔt bën guɛɛl ye tök man ce köör
      b) Muul acië bën kiu akɔ̈l ciɛlic go kɔc jal ŋic man ce köör
      c) Aaŋic kɔc wën theɛr man ce köör
      d) Muul aakën në kɔc bën ŋic man ce köör
8) Cië kɔc muul bën looi yedï ɣɔn cï ke ye ŋic ke ce köör?
      a) Kɔc aacië muul bën ɣɔ̈ɔ̈p në tɔɔŋ abë thou
      b) Kɔc aacië muul bën moc në dhaŋ abë thou
      c) Kɔc aacië muul bën that atueel abë thou
      d) Acïn kë cï kɔc bën luɔ̈i muul
9) Yeŋö e cï muul tak yen rɔt piɔ̈th në biöŋ de kööric?
      a) Acië tak bë ya lɔ pol ke kɔ̈ɔ̈r
      b) Acië tak bë rɔt waaŋ ke ye köör
      c) Acië tak bë läi ku kɔc ya math ku riëëc ke yiic

        d) Acïe tak bë cuɔk beer ya mat ke mul kɔk

10)   Yeŋö e cɔk muul kiu akɔ̈l ciɛlic?
        a) Muul acië kuɛth
        b) Muul akën nom määr man ce köör
        c) Muul acië nom määr man ŋic kɔc ke ce köör
        d) Muul acië nom määr man cië rɔt piɔ̈th në biöŋ de kööric

14.1.2 Dhuk ye thiëc cië thïïc piinykë nhïïm:
    1) Yeŋö pïööc akëköl?
    2) Yeŋö cië muul bën nɔ̈k abë thou?
    3) Yeŋö ca nhiaar akëkölic?
    4) E muul yïn guɔ̈p dï?
    5) Yeŋö ye luɛɛl de, "muul acï këde nomde bën nɔ̈k abë thou"?
    6) Yeŋö e thët e kɔc muul?
    7) Yeŋa cië muul bën guɛɛl man ce köör?
    8) Yeŋö e ye läi cɔk riɔ̈ɔ̈c në muul cië rɔt piɔ̈th në biöŋ de kööric?
    9) Ye läi kou cië gɔ̈k rin akëkölic?
    10) Yeŋö e cɔk muul kiu akɔ̈l ciɛlic?

14.1.3 Yeŋö ye luɛɛl de ke wël tɔ̈u piinykë cië man tɔ̈ kek akëkölic?

Akiu	Löö̈m
Athɛɛk	Löö̈m
Atueel	Math
Atuel	"Mɛɛc wei"
Ayiëëp	Mɛth
Biöŋ	Miɔ̈ɔ̈t
Biöök	Miööt
Ceŋ	Muul
Köö̈r	Piɔ̈th

Kiu	Waaŋ

15.0 Köör ku kul cië yal

Ɣɔn në kööl tök në mäi ciɛlic ke köör ku kul aake cië yal. Aake cië tɔu në nïn juëc keke kën dek në pïu. Piny acië yaak arët. Wëër kedhia thiɔ̈k aake cië dëu. Läi kedhia tɔu roor aake ye cool në cäth keke kɔɔr pïu. Na cië läi pïu lik yök keka tëër këke.

Köör ku kul aacië bën rɔ̈m piny në pïu thook akäl tök. Pïu ake cäp adhumic. Ake ye pïu lik apɛi. Acï köör bën tak në ye piɔ̈u bë pïu dek ye tök. Acï kul bën tak aya bë pïu dek ye tök. Akën në köör bën tak bë kul cam në wët cen yal. Kul akën bën riɔ̈ɔ̈c në köör cië man thɛɛr, në kë cen yal aya. Kë e tɔu në kul ku köör nïïm e bï kë dek në pïu. Aake cië yal arëtic kedhia.

Köör ku kul aacië bën teer në pïu thook në raan de kek bë kɔn dek. Köör ku kul aacië bën teer ku thëërkë abï kë dhäär. Na wën cï kë dhäär, go kë nyuc piiny bï kë lɔ̈ŋ. Na ye pël kë ke nyïn piny, keke tïŋ coor keke gɔ̈ɔ̈r nhial. Acï köör ku kul bën döt, ke coor tit raan de kek bë thou ku bï kë ŋueet. Coor aake tit lën töŋ bë kɔn thou ku bï kë ŋueet. Cuɔɔr e ŋuet në läi cië thou ke pëc. Cuɔɔr e ŋuet aya në lën nɔŋ kë cië ye nɔ̈k.

Köör ku kul aacië bën mat bï kë döör ku mëëth kë. Aacië bën mat bï kë cië beer thöör ku bï kë pïu dek në tök. Köör ku kul aacië tɔŋ bën pɔl ago ciën raan de kek ŋueet coor. Aacië pïu bën dek në tök ku pɔk kë.

Köör ku kul aacï pïu ke bën lëu abë pïu kɔ̈k döŋ piny. Acïn raan de kek cï coor bën ŋueet. Na ca kë dë dït ku teer ë, keka cï kɔc lëu. Na koor këdë ku tek apieth ke cïn teer, keka thöŋ kɔc kedhia.

Kë piööc akëköl: Na ɣëët kë në röth, keke piath de raan dët. Duɔ̈k kë kɔc kɔ̈k cɔk yök kë pieth den në teer dunic.

15.1 Thëm de nom

15.1.1 Lɔc töŋ yeyic në ye ka tɔ̈u piinykë:
1) E pïu cäp në ŋö yic?

      a) Pïu ake cäp athöŋgɔ̈lic
      b) Pïu ake cäp arökic
      c) Pïu ake cäp adhumic
      d) Pïu ake cäp ayɔ̈mic
      e) A & C aaye yith

2) E kul ku köör yal nɛn?

      a) Aake yal yɔn thëëi
      b) Aake yal yɔn miäk duur
      c) Aake yal yɔn akɔ̈u
      d) Aake yal në mäi ciɛlic

3) Yeŋö e yen në läi pïu tëër?

      a) Pïu aake juëc
      b) Pïu aake lik
      c) Aake kën pïu tëër

    d) A & B
4) E köör ku kul räm piny të nou?
    a) Aake räm piny në kiir nom
    b) Aake räm piny awuöl nom
    c) Aake räm piny në pïu thook
    d) Aake räm piny në wëër nom
5) Yeŋö cï köör bën tak në ye piɔ̈u yɔn cï ke pïu yök?
    a) Acië bën tak bë pïu dɔc dek ke kul kën cop
    b) Acië bën tak bë pïu dek ye tök
    c) Acië bën tak bë lɔ kör në pïu kɔ̈k
    d) Acïn kë cï köör bën tak
6) Yeŋö cï kul bën tak në ye piɔ̈u yɔn cï ke pïu yök?
    a) Acië bën tak bë pïu dɔc dek ke köör kën cop
    b) Acië bën tak bë lɔ kör në pïu kɔ̈k
    c) Acïn kë cï kul bën tak
    d) Acië bën tak bë pïu dek ye tök
7) Yeŋö cï köör bën tak yɔn cen ye tïŋ ke kul kɔɔr bë pïu dek?
    a) Acï köör bën tak bë piɔ̈t (thɔ̈ɔ̈r) ke kul ku bë pïu dek
    b) Acï köör bën tak bë kul cam
    c) Acï köör bën tak bë määth ke kul
    d) Acï köör bën tak bë dɔ̈ɔ̈r ke kul
8) Yeŋö e cen në kul ye riɔ̈ɔ̈c në köör në ye kööl ë?
    a) Kul acië yal arët aka kuc kë cam e
    b) Kul ace riɔ̈ɔ̈c në köör në pïïr de yic
    c) Aŋic kul man cië köör kuɛth aka cï ye bë cam
    d) Kul amääth ke köör
9) Yeŋö e kënë köör ye tak bë kul cam në ye köölë?

       a) Köör acië yal arët aka cï kör në kë ciɛm

       b) Köör acië kuɛth

       c) Köör ace cuet në rïŋ de kul

       d) Köör amääth ke kul

10)   Yeŋö e cɔk köör ku kul tɛɛr në pïu thook?

       a) Köör akɔɔr bë pïu dek ye tök

       b) Kul akɔɔr bë pïu dek ye tök

       c) Ɖɛk në keek akɔɔr bë pïu dek ye tök

       d) A & B aaye yith

11)   Yeŋö cï köör ku kul bën looi yɔn cï kek teer?

       a) Aacië bën thɔ̈ɔ̈r aabï kë dhäär

       b) Aacië bën dɔ̈ɔ̈r ku mëëth kë

       c) Aacië bën teer ku cï kë thäär

       d) Aacië bën tɔc bï kë nin

12)   Yeŋö cï köör ku kul bën tïŋ nhial wën cï ke nyuc bï kë löŋ?

       a) Aacië diɛt juëc bën tïŋ keke gɔ̈ɔ̈r nhial

       b) Aacië dhël bën tïŋ keke gɔ̈ɔ̈r nhial

       c) Aacië coor bën tïŋ keke gɔ̈ɔ̈r nhial

       d) Aacïn ka cï kë ke bën tïŋ nhial

13)   Yeŋö e cɔk kul ku köör nyuc piiny?

       a) Köör ku kul aake cië dhäär në tɔŋ

       b) Köör ku kul aake cië yal arët

       c) Köör ku kul aake nëk cɔk

       d) A & C aaye yith

14)   Yeŋö ye cuɔɔr cam?

       a) Cuɔɔr e ŋuet në lën e thou ye tök

       b) Cuɔɔr e ŋuet në läi pïr

       c) Cuɔɔr e ŋuet në lën nɔŋ kë cië ye nɔ̈k

       d) A & C aaye yith
15)   Yeŋö cï köör ku kul bën döt γɔn cï ke coor tïŋ keke göör nhial?

       a) Aacï kë bën döt man tit coor raan de kek bë thou, ku bï kë ŋueet
       b) Aacï kë bën döt man tit coor raan de kek bë jäl, ku bï kë ŋueet
       c) Aacï kë bën döt man tit coor raan de kek bë tuaany, ku bï kë ŋueet
       d) Aacï kë bën döt man tit coor raan de kek bë dhäär, ku bï kë ŋueet

16)   Yeŋö e tiit coor?

       a) Coor aake tit lën töŋ bë thou ku bï kë ŋueet
       b) Coor aacïn kë tit kë
       c) Coor aake tit lën bï bɛc ku bï kë ŋueet
       d) Coor aake tit pïu bï kë dek

15.1.2 Dhuk ye thiëc cië thïïc piinykë:

    1) Yeŋö e cɔk kul ku köör mät?
    2) Yeŋö cï köör ku kul bën mat?
    3) Yeŋa cië pïu bën dek në kaam de köör ke kul?
    4) Yeŋö cï kul ku köör bën looi γɔn cï ke pïu dek?
    5) Cï pïu ke bën thöŋ?
    6) Ye kë dït ku tëërë kɔc thöŋ?
    7) Ye kë koor ku tek të cïn teer kɔc lëu?
    8) Yeŋö piööc akëköl?
    9) Yeyï ŋa jiɛɛm akëköl ke?
    10)   Yeŋö ca nhiaar akëkölic?

15.1.3 Yeŋö ye luɛɛl de wël cië thïïc piinykë?

| Adhumic | Määth |

Coor	Mëëth
Cuɔɔr	Nhiaar
Dɔ̈ɔ̈r	Ɗueet
Dëu	Ɗuet
Dhäär	Riɔ̈ɔ̈c
Gɔ̈ɔ̈r	Teer
Ɣëët	Tëër
Ɣëët	Thɔ̈ɔ̈r
Koor	Wëër
Köör	Wɛ̈ɛ̈r
Kul	Yaak
Läi	Yak
Lëi	Yal

16.0 Aŋui ku Thɔk

Na ɣɔn ke aŋui alɔ dhuk roor ke cië lɔ yäp. Aŋui acië guɔ̈p baŋ në ye köölë. Acië kuɛth arët aka cïn kë kɔɔr bë bɛɛr cam. Aŋui acië bën rɔ̈m piny dhölic ke thɔk e jäc. Thɔk acië bën päu ku cïn të beer yen kɛt thïn. Aŋui acië thɔk bën ɣoi nyin e cuic ku thïïc thɔk, "Lɔ të nou wakɔ̈u thɔk?" Acï thɔk bën lɛk aŋui ye le baai. Thɔk ajam ke lɛthë ke cië riɔ̈ɔ̈c. Acï thɔk bën thɔ̈ɔ̈ŋ ke bï aŋui cam. Aŋic thɔk ke cï bë poth aŋui thok në ye köölë. Aŋic ke bï thɔk kuany thok ben pïu dek.

Aŋui acië thɔ̈k bën thïïc, "Thɔ̈k, lëk ɣa yith ke diäk ku yïn ca bë cam. Yïn ba cɔk lɔ baai të cïn ɣa lëk yith ke diäk".

Thɔ̈k acië bën lath e tïptïp wën piŋ yen thoŋ de cäm aŋui thok. Aŋui acië thɔ̈k bën yɔ̈ɔ̈k bë ye guɔ̈p päl piny ku dɔc yith ke diäk lueel ke cï gääu. Aŋui acië lueɛth bën ŋuɔɔt piny ku yöök thɔ̈k bë yith ke diäk lueel ke lueɛth kën dëu.

Acï thɔ̈k bën lueel, "Aŋui, na në ŋiɛc ke ɣa bë bën rɔ̈m wɔ yï e dë kën tëëk në ye kueer ë". Go aŋui gam man cië thɔ̈k yic lueel ku yöök, "luel yic de reu"

Acï thɔ̈k bën bɛɛr lueel, "Aŋui, na në yï kën kuɛth, e dë kën në ɣa thïïc". Go aŋui gam man cië thɔ̈k yic lueel ku yöök, "luel yic de diäk"

Acï thɔ̈k bën bɛɛr lueel, "Aŋui, päl ɣa ba lɔ baai. Ku na la lueel ye ɣɛn e cië rɔ̈m piny wɔ yï dhölic ku yïn cië ɣa bën pɔ̈l, keka cïn raan bë ye gam man ca yic lueel". Go aŋui gam man cië thɔ̈k yic lueel.

Aŋui acië thɔ̈k bën cɔk lɔ baai. Aŋui akën thɔ̈k bën cam. Thɔ̈k acië bën cath ke liec ye kɔ̈u lueel ye bï aŋui cɔɔl. Acï thɔ̈k bën lɔ lëk kɔc man e cië rɔ̈m piny ke aŋui dhölic kuka kën aŋui bën cam. Acïn raan cië kë cï thɔ̈k lueel bën gam man ye yic. Acië bën yɔ̈ɔ̈k ya cië lueth töör.

16.1 Thëm de nom

16.1.1 Lɔc töŋ yeyic në ye ka cië thïïc piinykë yiic:
1) Yeŋa cië bën rɔ̈m ke aŋui?
    a) Aŋui acië rɔ̈m piny ke weŋ
    b) Aŋui acië rɔ̈m piny ke amääl

c) Aŋui acië rɔ̈m piny ke thɔ̈k
d) Aŋui acië rɔ̈m piny ke biɔl

2) Cï aŋui bën lueel ye bë thɔ̈k cɔk lɔ të nou të cen ye lëk yith ke diäk?
   a) Acië bën lueel ye bë thɔ̈k cɔk lɔ wïïr
   b) Acië bën lueel ye bë thɔ̈k cɔk lɔ baai
   c) Acië bën lueel ye bë thɔ̈k cɔk lɔ nyuäth
   d) Acië bën lueel ye bë thɔ̈k cɔk lɔ wut

3) Aŋui lɔ dhuk të nou?
   a) Aŋui alɔ dhuk të cen lɔ dek
   b) Aŋui alɔ dhuk baai
   c) Aŋui alɔ dhuk roor
   d) Aŋui alɔ dhuk të cen lɔ yäp

4) Yeŋö e cɔk thök cɔk päu?
   a) Thɔ̈k acië riɔ̈ɔ̈c yen acɔk ye päu
   b) Thɔ̈k acië piɔ̈u miɛt yen acɔk ye päu
   c) Thɔ̈k akën päu
   d) Thɔ̈k akën aŋui kɔn tïŋ, yen acɔk ye päu

5) Yeŋö e cen aŋui thɔ̈k ye cam në ye köölë?
   a) Aŋui amääth ke thɔ̈k
   b) Aŋui akën thɔ̈k tïŋ
   c) Aŋui acië kuɛth
   d) Thɔ̈k acië nɔl yen acen aŋui ye cam

6) Cï thɔ̈k bën lëk aŋui ye yeŋo e cɔk ye cath wakɔ̈u?
   a) Acï thɔ̈k bën lueel e cië määr
   b) Acï thɔ̈k bën lueel ye ler baai
   c) Acï thɔ̈k bën lueel ye cië kueer wuɔ̈ɔ̈c thok
   d) Acï thɔ̈k bën lueel ye ler wut

7) Yeŋö e yen në thɔ̈k jam ke lɛthë?
   a) E wët cen rɔ̈m piny ke aŋui
   b) E wët e cen rin ke cäm piŋ aŋui thok
   c) E wët e cen riɔ̈ɔ̈c
   d) Keka tö nhialkë kedhia aaye yith

8) Cië aŋui thɔ̈k bën thïïc yedï?
    a) "Lɔ të nou wakɔ̈u thɔ̈k?
    b) "Thɔ̈k lëk ya yith ke diäk ku yïn ca bë cam"
    c) A & B
    d) Aŋui akën thɔ̈k thïïc

9) Yeŋö e yen aŋui luɛɛth ŋuɔɔt piny?
    a) Akɔɔr aŋui bë thɔ̈k yith ke diäk lueel ke cï gääu
    b) Aŋui aŋoot luɛɛth piny e path
    c) Aŋui aŋoot luɛɛth piny bë thɔ̈k riääcic
    d) Aŋui acië thok nhiany yen aŋoot yen luɛɛth piny

10)   Yeŋö e cɔk thɔ̈k lɛthë e tïptïp?
    a) Thɔ̈k acië riɔ̈ɔ̈c
    b) Thɔ̈k acië ŋeeny
    c) E wët cen cäm piŋ aŋui thok yen e cɔk ye lɛthë e tïptïp
    d) Thɔ̈k akën në lath

16.1.2 Dhuk ye thiëc tɔ̈u piinykë nhïïm:
    1) Yeŋö cï aŋui bën lëk thɔ̈k yɔn cen ye tïŋ ke lɛthë?
    2) Ye yith kedï cï aŋui ke bën thiëc thɔ̈k?
    3) Gäär yith cï thɔ̈k ke bën lëk aŋui
    4) Yeŋö e yen në thɔ̈k ye lueel ye cïn raan bë ye lɔ gam man cï aŋui pɔ̈l?
    5) Yeŋö e yen në thɔ̈k cath ke liec ye kɔ̈u?
    6) Yeŋö e yen në thɔ̈k ye thɔ̈ɔ̈ŋ ke ye wët cen aŋui kuɛth yen e cɔk ye thïc?
    7) Yeŋa ril në kaam de thɔ̈k ku aŋui?
    8) Yeŋö pïööc akëköl?
    9) Yeyï ŋa jam akëkölic?
    10)   Yeŋö ca nhiaar akëkölic?

16.1.3 Yeŋö ye luɛɛl de ke wël tö piinykë?

Aɲui	Lueth
Baai	Luɛɛth
Baŋ	Duɔɔt
Cɔɔl	Deeny
Dëu	Päl
"E tïptïp"	"Röm piny"
Gääu	Riɔ̈ɔ̈c
Kueer	Roor
Kuɛth	Tëëk
Lath	Thök
Lɛth	Thïïc
Liec	Yäp
Lueel	Yɔ̈ɔ̈k
Luel	Yöök

17.0 Gaŋ cië yal

Na ɣɔn ke gak atöu rokic. E gaŋë, acië yal arët. Gak akɔɔr bë dek në pïu. Piny acië tuöc apɛi në ye köölë. Gak acië piny bën kɔɔr në pïu ku cï ke yök. Gak acië bën lɔ në ɣan thɛɛr kɛɛn e ke yen ke dek thïn ku cïn pïu lekke yök. Gak acië dum juëc bën kuany yiic ke göör pïu, ku cïn pïu yök. Acië bën päär në kaam bääric ku cï piu yök. Gak acië bën päär ke kɔɔr pïu abë dhäär. Na wën cië dak, go nyuc në tim nom.

Na ye pël gak ye nyin piny, ke tïŋ töny e tiɔp ke cäp në tim thar. Gak acië bën päär ku lɔ nyuuc në töny de tiɔp nom ku luiitic. Gak aluit tönyic bë tïŋ man nɔŋic pïu ago dek. Gak acië pïu lik bën tïŋ keke cäp në töny thar. Gak acië piɔu bën miɛt wën cen pïu tïŋ në tönyic.

Gak acië ye thok bën ɣaak në tönyic bë dek, go pïu cië döt. Acï gak bën them në kuɛɛr juëc bë dek, go ŋot ke cï pïu luäŋ në döt tööny. Gak acië bën ya dï lööny në tönyic. Pïu ake mec në töny thar. Gak acï reu jal bën dɔm arët ke ɣoi pïu në ye nyin. Acï gak bën them bë töny jäp piny, go cuɔ̈k lëu. Töny athiek arët aka cï gak lëu në pïk piny. Gak acië bën duɔɔt arët në kë bë looi. Gak acië rɔt bën päl piny ku tɛk ye nom në kë bë looi bë dek.

Gak acië bën nyuc në këër de tim ku dɛɛi ke tak ye nom në të bë dëk pïu töu ne tönyic. Gak acië ye nyin bën caath, go kɔi tïŋ në töny lööm. Täŋ pieth acië bën në gak nom wën cen kɔ̈i tïŋ. Acï gak bën tak bë kɔi kuany në tönyic ago pïu bën nhial.

Gak acië bën päär ku lɔ ku ye kɔɔi tök kuany ku cuɛt në tönyic. Gak acië kɔi juëc bën dhëëth në tönyic në tök tök. Acï gak bën tïŋ na cuɛt kɔɔi tök në tönyic, ke pïu acut röth nhial. Acï gak bën looi yeya agut bë pïu röt cuɔ̈t të ben ke cooth në ye thok. Gak acië bën dek ku jɔl löŋ. Gak acï luɔɔi piethde ku täŋ piethde bën cɔk dëk në pïu. E kë ca tak ku loi yen e yï kony. Kë ca tak ku cï loi acie ya këdë.

Këpiööc akëköl: Täŋ pieth e kɔc kony.

17.1 Thëm de nom

17.1.1 Lɔc töŋ yeyic në ye ka cië thïïc piinykë yiic?

1) Yeŋö cï gak bën looi bë pïu lik e ke tɔ̈ në töny de tiɔpic dek?
   - a) Gak acië bën nyuc në töny nom ku yɔɔk ye thok bë dek
   - b) Gak acië töny bën dhëthic tiɔp bë pïu bën nhial
   - c) Gak acië töny bën dhëthic döt bë pïu bën nhial
   - d) Gak acië töny bën dhëthic kɔi bë pïu bën nhial

2) Yeŋö cï gak bën tïŋ në tönyic?
   - a) Gak acië pïu lik bën tïŋ në töny thar
   - b) Gak acië pïu juëc bën tïŋ në tönyic
   - c) Gak acïn pïu cië ke bën tïŋ në tönyic
   - d) Gak acië pïu lik bën tïŋ keke cäp në töny thar

3) Cië gak ŋö bën looi yɔn cen pïu kɔɔr abë dak?
   - a) Gak acië bën lɔ wïïr bë lɔ dek
   - b) Gak acië bën nyuc në tim nom
   - c) Gak acië bën nyuc në ɣöt nom
   - d) Gak acië bën päär abë dak

4) Cië gak bën lɔ të nou ke kɔɔr pïu?
   - a) Gak acië dum juëc bën kuany yiic abë dhäär
   - b) Gak acië bën nyuc në tim thar ke cië dhäär
   - c) Gak acië rok bën kuanyic ke kɔɔr pïu
   - d) Gak acië bën lɔ baai bë lɔ dek

5) Yeŋö e le gak kɔɔr në ɣän thɛɛr kɛɛn yɔn yen ke dek thïn?
   - a) Gak alɔ kör në kë ciɛm

      b) Gak alɔ kör në pïu bë dek
      c) Gak alɔ mïth ke kɔɔr
      d) Gak akën lɔ në ɣän thɛɛr kɛɛn yɔn yen ke dek thïn

6) Yeŋö cï gak bën looi yɔn cen töny de tiɔp tïŋ në tim thar?
      a) Gak acië piɔ̈u bën miɛt wën cen pïu tïŋ në tönyic
      b) Gak acië bën päär ku lɔ ku nyuuc në töny de tiɔp nom ku luiitic
      c) A & B aaye yith
      d) Gak acië bën jäl wën cïn yen pïu cië ke tïŋ në tönyic

7) Yeŋö e luiit gak në tönyic?
      a) Gak aluit tönyic bë tïŋ man nɔŋic pïu
      b) Gak aluit tönyic bë tïŋ man nɔŋic ca
      c) Gak aluit tönyic bë tïŋ man nɔŋic kuïn
      d) Gak aluit tönyic bë tïŋ man nɔŋic rap

8) Yeŋö cï gak bën looi yɔn cen pïu döt në töny thar?
      a) Gak acië töny bën kuem
      b) Gak acië bën jäl
      c) Acï gak bën them bë töny jäp piny
      d) Acïn kë cï gak bën looi

9) Yeŋö cï gak bën tïŋ në töny de tiɔp lɔ̈ɔ̈m?
      a) Gak acië döt bën tïŋ në töny de tiɔp lɔ̈ɔ̈m
      b) Gak acië kɔi bën tïŋ në töny de tiɔp lɔ̈ɔ̈m
      c) Gak acië kɔi bën tïŋ keke tɔ̈u në tim lɔ̈ɔ̈m
      d) Gak acië kër ke tim bën tïŋ keke tɔ̈u në töny lɔ̈ɔ̈m

10)   Yeŋö cï gak bën tïŋ ɣɔn cen ye nyin päl piny?
      a) Gak acië töny de tiɔp thiäŋ në pïu bën tïŋ në tim thar
      b) Gak acië töny de tiɔp cïn yic pïu bën tïŋ në tim thar

c) Gak acië töny de tiɔp nɔŋic pïu bën tïŋ në tim thar
d) Gak acië akum de rap bën tïŋ në tim thar

17.1.2 Dhuk ye thiëc cië thïïc piinykë nhïïm:
1) Yeŋö e cɔk gak mit piöu?
2) Yeŋö e yen në gak ye thok ɣaak në tönyic?
3) Yeŋö cië rɔt bën luöi gak yɔn kɔɔr yen bë dek?
4) Yeŋö e cen në gak ye luäŋ bë töny jäp piny?
5) Yeŋö cï gak bën tak yɔn cen nyuc në këër de tim köu?
6) Yeŋö e yen në pïu lɔ keke bö nhial të cuɛt të gak kɔɔi tök në tönyic?
7) Yeŋö e cɔk gak dek pïu?
8) Yeŋö cï gak bën looi yɔn cen dek?
9) Yeŋö piööc akëköl?
10)   Yeŋö ca nhiaar akëkölic?

17.1.3 Yeŋö ye luɛɛl de ke wël töu piinykë?

Caath	Dum
Cooth	Ɣaak
Cuat	Lööny
Cuɛt	Luɔɔi
Daai	Luiitic
Dak	Luit
Dɛɛi	Në tök tök
Dhäär	Päär
Dhëëth	Töny
Dom	Tönyic
Duɔɔt	Tuöc

18.0 Acuïïl ku raan de dom

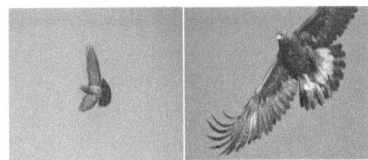

Na ɣɔn ke raan acië dom dïït de puur. Kɔc e ke thiɔ̈k në yeen aake cië dum ken puur aya. Aa ke cië rap, anyol, akuem, tɔŋpiiny, nyum, adhiäät (amojoŋ), ku ka juëc kɔ̈k puur në dum ken yiic.

Na ɣɔn në run tök ke dit acië bën wïïk baai. Dit acië ka cië ke puur bën gɔl në cäm. Mïïth juëc cië ke puur acï diɛɛt ke bën cam.

Na ɣɔn ke raan de dom acië ye nom bën tak në kë bë looi. Acï raan de dom bën tak bë abɔi cuiëëc ku ben diɛt ya deep domde. Atɛk raan de dom bë abɔi dɛɛp ago diɛt ya tiɛɛt wei dom de. Na ɣɔn në kööl tök ke acuïïl bɔ̈ ke cop guuk. Guuk acië abɔi bën luinyic ku acuïïl acï abɔi bën dɔm.

Raan de dom acië acuïïl bën dɔm ku muk nhial kɔɔr bë nɔ̈k. Acuïïl acië raan de dom bën lɔ̈ŋ nyin ago pɔ̈l. Acië bën lëk raan de dom, lueel, "Ye kë rɛɛc ŋö, ca luɔ̈i yï? Ca mïïth kuɔ̈ɔ̈n lok cam? Yïn ca lɔ̈ŋ, päl ya. Cɔk ya jiël"

Go raan de dom dhuɔ̈k nom Acuïïl, lueel, "Lëk kë ya, ye kë rɛɛc ŋö cï guuk luɔ̈i yï, yïn ye cop?"

Acïn wët pieth cï acuïïl bën yök, ben ye dhuk nom.

18.1 Thëm de nom
18.1.1 Lɔc töŋ ye yic në ye ka töu piinykë yiic:

1. Yeka ŋö e ke cï kɔc ke dum ke com?
   - a) E rap ku adhiäät
   - b) E anyol ku nyum
   - c) E akuem ku tɔŋpiiny
   - d) E ke ka tö nhialkë kedhia
2. Yeŋö e cï raan de dom dɛɛp?
   - a) Ee adëëp
   - b) Ee abɔi
   - c) A & B aaye yith
   - d) Acïn kë e cï raan de dom dɛɛp
3. Yeŋö e cup acuïïl guuk?
   - a) Guuk acië rap cam
   - b) Acuïïl acï guuk rac piöu
   - c) Acuïïl akɔɔr bë guuk dɔm ku bë cuet
   - d) Acuïïl akɔɔr bë guuk dɔm ku cï näk
4. Yeŋö e yen guuk abɔi luinyic ku cï acuïïl abɔi luinyic?
   - a) Guuk aɣoi abɔi
   - b) Guuk akoor
   - c) Acuïïl acië nyin thou në guuk guöp acï abɔi tïŋ
   - d) Keka töu nhial kë kedhia aaye yith
5. E raan de dom cië guuk dɔm yedï?
   - a) Acië dɔm cök ku muk nhial
   - b) Acië dɔm wuök ku muk nhial
   - c) Acië dɔm yeth ku muk nhial
   - d) Acië dɔm nom ku muk nhial
6. Yeŋö e cï guuk thiëc raan de dom?
   - a) Acië thïïc, "Ye kë rɛɛc ŋö, ca luöi yï?"
   - b) Acië thïïc, "Ca mïïth kuöön lok cam?"
   - c) A & B aaye yith

d) Acïn kë e cï guuk thiëc raan de dom
7. Yeŋa e cï abɔi dɔm?
   a) E Acuïïl
   b) E guuk
   c) A & B aaye yith
   d) Acïn raan de kek e cï abɔi dɔm
8. Yeŋa e cië cam në mïïth në kaam de guuk ku acuïïl?
   a) E guuk
   b) E acuïïl
   c) Aaye ke kedhia
   d) Aacïn raan de kek e cië cam në mïïth cië ke com
9. Yeŋa e cië löŋ bë pöl?
   a) E guuk
   b) E acuïïl
   c) Acïn raan de kek e cië löŋ bë pöl
   d) E ke kedhia keka ke cië löŋ bë ke pöl
10.   Yeyï ŋa jam akëkölic?
   a) E guuk ku raan de dom
   b) E acuïïl ku raan de dom
   c) E guuk, acuïïl ku raan de dom
   d) Acïn raan jam akëkölic

18.1.2 Dhuk ye thiëc tɔ̈u piinykë cië man tɔ̈u kek akëkölic:
   1. Yeŋa piööc akëköl?
   2. Yeŋö piööc akëköl?
   3. Ye nyin de ŋa yen tɔ̈u e kuur ku acuïïl thïn?
   4. Yeŋö ye luɛɛl de abɔn cië dɛɛp?
   5. Yeŋö e cï raan de dom thiëc kuur yɔn lëŋ yen bë pöl?

6. Yeŋö kënë kuur kë cï raan de dom thiëc ye bën lëu në dhuk?
7. Ye diɛt kou e ke deep raan de dom keek?
8. Yeŋö ye kuur (guuk) cam?
9. Yeŋö ye acuïïl cam?
10. Yeŋö cï acuïïl bën lëk raan de dom, yɔn cen ye thiëc käŋ ke reu?

18.1.3 Ye ŋö ye luɛɛl de ke wël tɔ̈u piinykë cië man tɔ̈u kek akëkölic:

Abɔi	Dum
Abuth	Gö̈c
Acuïïl	Gɔl
Adhiäät	Guuk
Akuem	Kure
Akuɛm	Kuur
Anyol	Luinyic
Anyuɔl	Mëguaak
Cuiëëc	Nyuö̈m
Dɔm	Nyum
deep	Puö̈ö̈r
Dɛɛp	Puur
Dɛɛr	"Raan de dom"
Diɛɛt	Rap
Diɛt	"Tiɛɛt wei"
Dit	Tɔŋpiiny
Dom	Wïïk

19.0 Kuëi ku areu

Na yɔn ke areu acëŋ në baaric. Na yɔn akäl tök ke tɛk man bë päär aliiric cië man yen në diɛt päär. Ye täŋë, acië tɔ̈u areu nom në kaam bääric. Acï areu bën tak bë lɔ të nɔŋ kuëi bë lɔ jam ke ye.

Areu acië bën cath abë cop të tɔ̈ e kuëi thïn. Ke täŋë tɔ̈u në ye nom, ke areu acië kuëi bën cɔɔl ku lëk ke, "Kuëi, yɛn ebɔ̈ të nɔŋ yïïn ke yïye bäny de diɛt. Yɛn göör kuɔɔny të nɔŋ yïïn. Anhiaar ba ya päär nhial cië yï ku diɛt kök ye päär nhial. Në kuɔɔnydu ke yï ye bäny de diɛt kedhia, keka ŋiɛc kë bë rɔt lëu. Aŋääth ke ba kuöny ya cië man kaar yɛn ye në ya piɔu, ba ya päär nhial cië diɛt ye päär.

Kuëi acië areu bën thiëc kë yen ye nhiaar bë ya päär nhial cië dit. Kuëi acië areu bën thïïc, "Yeŋö ye nhiëër ba ya päär cië dit?" Acï areu bën dhuk, "Yɛn nhiaar päär cië man nhiɛɛr e diɛt ye päär nhial yeen. Na jat të ya nhial në yï köu ku lɔ ku jɔl ya riɛɛc piny në nhial jäc, ke yɛn lëu ba jal päär nhial ya tök cië yïïn". Acï areu bën mat aya, na jal päär ya tök ke yɛn bë jal ya guak, "Kuɔɔr ku ca biöŋ thuet."

Acï kuëi bën them arët bë areu jɔ̈öny bë ye täŋ rɛɛc cië pöl. Areu akën bën gam në jäny de kuëi. Agöör areu arët bë ya päär cië dit. Areu acië kuëi bën lɔ̈ŋ apɛi bë yääth nhial agut bï kuëi gam cië luɛɛl de. Acï kuëi bën tak në ye piɔu në lɔŋ thïn man ce raan e jɔ̈öny ke lɔ. Raan aye jɔ̈öny ke bɔ̈, lueel Jiëëŋ.

Kuëi acië areu bën tääu në ye kɔ̈u ku leer nhial aliiric të mec arët. Kuëi acië areu bën riɛɛc piny në ye kɔ̈u, ku lëk ke, "Jɔl päär e manë mäth areu, yïn ca bëi në nhial jäc."

Areu akën ke cï kuëi lueel piŋ. Kuëi acië areu bën riɛɛc piny në ye kɔ̈u. Areu acië bën päu ku ye them bë päär cië dit go cuɔ̈k lëu. Areu acië bën lɔ piny aliiric ke wïc. Areu acië bën lööny në kuur kɔ̈u. Areu acië rɔt bën yiën ɣän töök. Akukuɛɛt acië bën kuɛɛm areu kɔ̈u. Ye e kuɛɛm de areu kɔ̈u e kan.

Kë piööc akëköl: Ŋic të pëëk e riɛl du thok thïn. Täŋ niɔp e yï thɛlwei.

19.1 Thëm de nom

19.1.1 Lɔc töŋ yeyic në ye ka cië ke thïïc piinykë yiic:
1. Ye läi kou jam akëkölic?
   a) E kuëi ku nhiëër
   b) E areu ku acuïïl
   c) E kuëi ku areu
   d) E lith ku areu
2. Cï kuëi bën lueel yedï ɣɔn cen areu lɛɛr nhial të mec ke piny?
   a) Acië bën lueel, "Jɔl päär e man në mäth areu, yïn ca bëi në nhial jäc"
   b) Acië bën lueel, "Jɔl kɛɛc piny në ɣa kɔ̈u wɔ cië bën nhial"
   c) Acië bën lueel, "Päl ɣa wuɔ̈k wɔ cië bën nhial të mec ke piny."
   d) Acïn kë cï kuëi bën lëk areu.
3. Areu cëŋ të nou?
   a) Acëŋ në pïu yiic

      b) Acëŋ kiir
      c) Acëŋ wïïr
      d) Acëŋ në baaric

4. Yeŋö cï kuëi bën looi yɔn cen areu ye lëk ke cië tak?
      a) Kuëi acië areu bën lɛɛr nhial aliiric ke muk në ye kɔ̈u
      b) Kuëi acië areu bën jööny bë areu kë rɛɛc cië tak pɔ̈l
      c) Kuëi acië areu bën jööny go areu cuɔ̈k gam
      d) Kuëi acië kë cï areu tak bën gam në nantöŋtëi

5. Yeŋö e cï areu tak akäl tök?
      a) Acië tak bë ya cath cië dit
      b) Aciëth tak bë ya päär cië dit
      c) Acië tak bë ya cam cië dit
      d) Acië tak bë ya kiu cië dit

6. Yeŋö cï areu bën looi yɔn cen ye nom tak?
      a) Acië mïth ku tiŋde bën cɔɔl ku lëk ke, ke cië tak
      b) Acië kuëi bën cɔɔl ku lëk kë cië tak
      c) Acië diɛt bën cɔɔl ku thïïc ke në raan bë ye lɛɛr nhial aliiric
      d) Acië bën lɔ nhial të mec bë lɔ päär cië dit

7. E kuëi leer areu nhial nëŋö?
      a) Aleer nhial ke muk në ye kɔ̈u
      b) Aleer nhial ke muk në ye thok
      c) Aleer nhial ke muk në ye cök
      d) Kuëi akën areu bën lɛɛr nhial

8. Yeŋö e yen në kuëi areu jööny?
      a) Acï kuëi nhiaar bë areu ya päär cië dit

b) Areu athiek aka cï kuëi lëu në leer nhial aliiric
c) Aɲic kuëi ke areu cïn wuɔ̈k ben ke lɔ päär nhial
d) Aɲic kuëi ke areu cï jäny bë gam

9. Yeŋö cië bën yiëndï ɣɔn cen në kuëi areu riɛɛc piny në ye kɔ̈u?
    a) Areu acië bën päär ye tök nhial
    b) Areu acië bën lööny në kuur kɔ̈u ku thou
    c) Areu acië bën lööny në kuur kɔ̈u abë rɔt yiën ɣän töök ku kuem akukuɛɛt në ye kɔ̈u
    d) Areu acië bën lööny në baaric të ɣɔn ceŋ

10. Yeŋö ye luɛɛl de areu akëkölic?
    a) E raan cie jö̈öny
    b) E raan ye käŋ yɔ̈ɔ̈ŋ
    c) E raan ye käŋ cop nïïm
    d) A & C aaye yith

19.1.2 Dhuk ye thiëc tɔ̈u piinykë nhïïm:
1. Yeɲa piööc akëköl?
2. Yeŋö piööc akëköl?
3. Ye nyin de ŋa yen tɔ̈u e läi jam akëkölic thïn?
4. Yeŋö cï kuëi bën looi ɣɔn cen areu lɛɛr aliiric nhial të mec?
5. Yeŋö e göör areu të nɔŋ kuëi?
6. Yeŋö cï areu bën looi ɣɔn cen në kuëi ye jö̈öny?
7. Ye të nou e cï areu kuem?
8. Yeŋö ye luɛɛl de "kuɔɔr ku ca biöŋ thuet?"
9. Cië areu bën lööny të nou?
10. Yeŋö cï kuëi kɔn bën thiëc areu?

11. Yeŋö cï areu bën looi ɣɔn cen në kuëi ye jööny arët?
12. Yeŋö ye luɛɛl de kääŋ ye lueel ya, "raan ace jööny ke lɔ?"
13. Yeŋö e yen në kuëi ye gam bë areu lɛɛr nhial ku ka ŋic ke cïn wuɔ̈k?
14. Yeŋö cï areu bën piɔ̈ɔ̈c në kë cië rɔt looi yic?
15. Yeŋö ca nhiaar akëkölic?

19.1.3 Yeŋö ye luɛɛl de wël tɔ̈u piinykë cië man tɔ̈u kek akëkölic?

Akuɛɛt	kuɔɔr
Akukuɛɛt	Kuëi
Aliir	Kuɛɛm
Aliiric	kuur
Areu	lööny
Baar	Nhiaar
Baaric	Nhial
biöŋ	"Nhial jäc"
Biöŋ	Nhiɛɛr
ɣääth	Nhiëër
ɣääth	Päär
ɣän töök	Pëëk
jööny	Riɛɛc
kony	tääu
Kuɔɔny	Thuet

20.0 Dhuŋ ye kɔc math në boŋbaar

Na ɣɔn ke dhuŋ ye biöök amël atɔ̈u. Aye amël ke biɔ̈ɔ̈k të thiääk ke baai. E dhuŋë, aye kɔc math arɛk diäk në kööl tökic. Aye kiɛɛu yɔɔth akɔ̈l ciɛlic ku lueel, "Kuɔny kë ɣa! Kuɔny kë ɣa, boŋbaar acam amël." Ye dhɔ̈ŋë aye kɔc math në ya, bë akölde dac cuɔl.

Na piŋ kɔc tɔ̈u baai kiɛɛu, keka bɔ̈ keke riŋ luel kë ye bï kï dhuk ku amël bën kony në boŋbaar. Na tïŋ dhuk kɔc nïïm keka dal abë ya niäär ke bui kɔc gup. Aye dhuŋë cool ke looi nyindhia agut bï kɔc jal ŋic man ye kɔc math. Kɔc aacië bën ya dɔk baai keke cië piɔ̈ɔ̈th riääk në wët cen e dhɔ̈k ke math.

Na ɣɔn në kööl tök ke boŋbaar jɔl bën në yic. Wën tïŋ e dhuk boŋbaar, go kiɛɛu yɔɔth. Acië bën dhiaau arët, lueel, "kuɔny kë ɣa, kuɔny kë ɣa! Boŋbaar acam amël kuka kɔɔr bë ya cam. Boŋbaar acië amël thöl, bäk kë." Acïn raan cië cɔ̈t de bën gam man ye yic ku ler të nɔŋ ye bë ye lɔ kony. Dhiën de dhɔ̈k acië piŋ baai kuka cië bën gääi në wët yen kɔc math në luɔ̈ɔ̈t. Dhuk aye cool ke mɛth kɔc në nyindhia.

Na kɔɔr dhuk bë boŋbaar cop keka ŋëër e boŋbaar abë ye thar lɔ thiëët piny. Dhuk acië riɔ̈ɔ̈c arët në boŋbaar.

Boŋbaar acië amël bën cam piny kedhia, acïn tön dön. Boŋbaar acïn raan e riɔ̈ɔ̈c yen e tɔ̈u. E ŋic boŋbaar ke dhuŋ biöök amël cië riɔ̈ɔ̈c. Dhuk acië bën kɛt baai ke bom ye nom.

Boŋbaar acië amäl tök bën cuet ku jiël. Boŋbaar acië amël bën waan keke dhɔt piiny.

Kë piööc akëköl: Duk kɔc mɛth në lueth bïn rɔt tuäk. Na ye kɔc math në kë rac, keka cïn raan bï yï kony në kööl de kë rac.

20.1 Thëm de nom
20.1.1 Lɔc töŋ ye yic në ye ka cië thïïc piinykë yiic

1) E dhuk ye amël ke biɔ̈ɔ̈k të nou?
    a) Ake ye ke biɔ̈ɔ̈k rokic
    b) Ake ye ke biɔ̈ɔ̈k në wëër yɔu
    c) Ake ye ke biɔ̈ɔ̈k të thiääk ke baai
    d) Ake ye ke biɔ̈ɔ̈k tooc

2) Yeŋö kën kɔc dhuk ku amël bën kony në boŋbaar?
    a) Kɔc aake cië riɔ̈ɔ̈c në boŋbaar
    b) Kɔc aake kën dhuk piŋ ke dhiaau
    c) Kɔc aake liu baai
    d) Dhuk aye cool ke mɛth kɔc në boŋbaar aka cïn raan e ye dhiën de bɛɛr gam

3) Ye boŋbɛɛr kedï e ke cam amël?
    a) Aaye boŋbɛɛr ke ŋuan
    b) E boŋbar tök
    c) Aaye boŋbɛɛr ke reu
    d) Aaye boŋbɛɛr ke diäk

4) Ye amël kedï ke cië bën poth e ke kën në boŋbaar ke cam?
    a) Amël acï boŋbaar ke bën cam kedhia
    b) Aaye amël ke reu aacië bën poth
    c) E amäl tök yen acië bën döŋ piny

        d) Amël kɔ̈k acï boŋbaar ke bën cam ku amël kɔ̈k acië bën dö̈ŋ

5) Yeŋö cï dhuk bën looi ɣɔn cïn yen raan cië bën bë ye bën kony?

        a) Acië boŋbaar bën nɔ̈k

        b) Acië bën ya them bë boŋbaar cop keka ŋëër e boŋbaar abë ye thar thiëëtpiny

        c) Acië kiɛɛu bën kiit arëtic go kɔc bën

        d) Acië amël kɔ̈k bën cuɔp baai bï boŋbaar ke cuɔ̈k cam

6) Yeŋö cï dhuk bën looi ɣɔn cen në boŋbaar amël cam kedhia?

        a) Dhuk acië bën kɛt baai ke bom ye nom

        b) Dhuk acië amël bën tiit në boŋbaar

        c) Dhuk acië bën kɛt baai bë wun diëi bë boŋbaar bën nɔ̈k

        d) Dhuk acië amël bën yaaŋ ku leer rïŋ baai

7) Yeŋö e yen në boŋbaar cuɔ̈k riɔ̈ɔ̈c në dhuk?

        a) E wët e koor e dhuk kuka cië riɔ̈ɔ̈c

        b) E wët cen e boŋbaar ye riɔ̈ɔ̈c në kɔc

        c) E wët cen në cɔk boŋbaar dɔm

        d) E wët e kën në boŋbaar dhuk tïŋ

8) Yeŋö cï dhuk (dhɔ̈k) bën looi ɣɔn cen boŋbaar tïŋ?

        a) Dhuk acië boŋbaar bën thɔ̈ɔ̈r kɔ̈u në tɔŋ

        b) Dhuk acië kiɛɛu bën yɔɔth bë kɔc tɔ̈u baai lëk bï kë ye bën kony

        c) Acïn kë cï dhuk bën looi

        d) Dhuk acië amël bën waan ku kɛt baai bë kɔc lɔ lëk

9) Ye läi kou e ke ye dhuk ke biɔ̈ɔ̈k?
    a) Aaye amël ku thök
    b) Aaye amël ku ɣɔ̈k
    c) Aaye amël ke pëi, keka ke ye ke biɔ̈ɔ̈k
    d) Aaye thök ke pëi, keka ke ye ke biɔ̈ɔ̈k

10)   Ye amël kedï ke cï boŋbaar ke bën cuet?
    a) Aaye mël ke reu keka cï boŋbaar ke bën cuet
    b) Amäl tök yen acï boŋbaar bën cuet
    c) Aaye amël ke diäk keka cï boŋbaar ke bën cuet
    d) Acïn amäl cï boŋbaar bën cuet

20.1.2 Dhuk ye thiëc cië thïïc piinykë nhïïm:

1) Yeŋö piööc akëköl?
2) Yeŋö ca nhiaar akëkölic?
3) Yeŋö cï dhuk bën looi ɣɔn cen boŋbaar tïŋ ke bɔ̈?
4) Yeŋö e cɔk boŋbaar cam amël kedhia?
5) Yeŋö e cɔk kɔc baai gëëi kiɛɛu de dhuk?
6) Yeŋö e yen dhuk cool ke mɛth kɔc në nyindhia?
7) Yeŋö cï dhuk bën looi ɣɔn yen në boŋbaar ye ŋäär?
8) Yeyï ŋa ŋäär akëköl?
9) Yeŋö ye tak ke yen në boŋbaar amël cam kedhia?
10)   Cië amël ɣɔn cï boŋbaar ke cam bën looi yadï?

20.1.3 Yeŋö ye luɛɛl de ke wël tɔ̈u piinykë cië man tɔ̈ kek akëkölic?

Amääl	Lac
Amël	Luɔ̈ɔ̈t
Biɔ̈ɔ̈k	Math

Biöök	Mɛth
Boŋbaar	Niäär
Boŋbɛɛr	Nyindhia
Cuet	Ŋäär
Dhuk	Ŋëër
Dhuŋ	Piët
Dhɔ̈k	Pït
Dhiaau	Rïŋ
Gëëi	Tïŋ
Kiɛɛu	Tuääk
Laac	Yɔɔth

21.0 Aluɔ̈m cï ayiɛɛr nyin dɔm

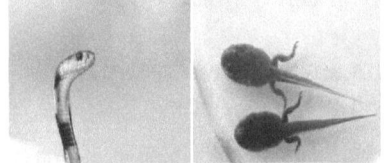

Na ɣon ke agueŋ tök acië alum ke reu dhiëëth. Alum kë, aake kën cök thök cil. Aake ŋot keke nɔŋ thäär yööl. Cök ken aake piac cil gɔl. Aake ŋot keke ye mïth. Aake keke ye pïïr në pïu yiic.

Aluɔ̈m tök në ke yiic akɔɔr be dɔc dït. Akɔɔr bë dɔc ya luui në ka ye agueekdït ke looi. Agueekdït aaye pïïr në pïu yiic kuke pïïr aɣeer. Aluɔ̈m kɔɔr bë dɔc dït acië aluɔ̈m dët të bën yöök, "Mol ku wathok në ke cök thii kuɔɔn kë buk ku lɔ thiaaŋ. Wɔ bë ka ye agueek dït ke lɔ tïŋ wathok lɔ tïŋ wɔ pëc."

Aluɔ̈m de reu acië bën jai bë lɔ wathok. Acië bën lueel, "Wɔ bë lɔ wathok, në thaa cië rɔt guiir, kuka cie ye man në. Cök kuɔ akor apɛi."

Acï aluɔ̈m tueeŋ bën lëk aluɔ̈m de reu, "Yïn ye meth abac, tɔ̈u!" ku ler wathok ke rɔ̈c në ye yɔu. Na ye jɔt ye nyin wathok, ke tïŋ këroor ke muk agɔɔt në ye nom. Aluɔ̈m aγoi këroor nyin e cɔpcɔp. Acï aluɔ̈m tueeŋ bën ye them bë pëër në pïu yiic ke cï rɔt luäŋ. Aluɔ̈m acïn cök e ke tɔ̈u në ye ben ke këroor dëëny në pïu yiic.

Aluɔ̈m acï këroor bën kac nom e koroom ku liek këde. Acië bën ya tuŋ cï atëm wuɔ̈k të nɔŋ këroor. Aye miëth dɛɛn cië yök të cïn thil ku tuc.

Aluɔ̈m de reu acië bën ceŋ në pïu yiic agut bë kɔn dït. Aluɔ̈m tueeŋ acië bën lɔ piŋ në ye nyin. Aluɔ̈m de reu akën në bɛɛr bën jɔ̈ɔny ke bɔ̈ në ŋö akën bën bɛɛr lɔ dhuk ciëën. Të e cen lɔ poth në këroor thok, e të cië jal lëu në jäny.

Kë piööc akëköl: Duɔ̈n në kë ye raan dït looi, kɔɔr ba looi ke yï kën guɔ dït.

21.1 Thëm de nom

21.1.1 Lɔc töŋ yeyic në ye ka cië thïïc piinykë yiic:
  1) Ye aluɔ̈m mɛɛnh de ŋö?
        a) E mɛɛnh de rëc
        b) E mɛɛnh aguek
        c) E mɛɛnh areu
        d) E mɛɛnh de këroor
  2) Ye alum kedï jam akëkölic?

a) 2

b) 3

c) 4

d) 6

3) Yeŋö e kɔɔr aluɔ̈m tueeŋ bë lɔ tïŋ wathok?

    a) Akɔɔr bë lɔ wathok bë lɔ thiaaŋ

    b) Agöör bë kë ye agueekdïï lɔ tïŋ wathok lɔ tïŋ

    c) Agöör bë këroor lɔ tïŋ wathok

    d) Akɔɔr bë dɔc dït bë ya agueŋdït

4) Yeŋö cï aluɔ̈m de reu bën lëk aluɔ̈m tueeŋ yɔn kɔɔr yen bï kë lɔ wathok?

    a) Acië bën kuec ku lueel, "Wɔ bë jal lɔ wathok në thaa cië rɔt guiir, të cï wɔ dït"

    b) Acië bën lueel, "lok ku wathok"

    c) Acïn kë cië bën lueel

    d) A & B aaye yith

5) Yeŋa cï këroor bën cam?

    a) E aluɔ̈m de reu

    b) E aluɔ̈m de diäk

    c) E aluɔ̈m tueeŋ

    d) Aacï këroor ke bën cam kedhia

6) Yeŋö cï aluɔ̈m tueŋ bën them bë looi yɔn cen këroor tïŋ ke muk agɔɔt në ye nom?

    a) Acië bën thöör ke këroor

    b) Acië këroor bën löŋ bï këroor cuɔ̈k cam

    c) Acië bën them bë këroor dëëny në pïu yiic

    d) Acïn kë cië bën them bë looi

7) Yeŋö e cɔk aluɔ̈m tueŋ ciɛm këroor?

    a) E kë kën yen piŋ në jäny

      b) E kë cen lɔ wathok të thiääk këroor

      c) E kë cïn yen cök e ke kɛt yen ke

      d) Keka tɔ̈u nhialkë kedhia aaye yith

8) Yeyi ŋa jiɛɛm akëkölke?

      a) E aluɔ̈m tueŋ

      b) E aluɔ̈m de reu

      c) E këroor

      d) Aaye keka tɔ̈u nhialkë kedhia

9) Aluɔ̈m tueŋ lɔ wathok yedï?

      a) Alɔ ke rɔ̈c në ye yɔu

      b) Alɔ ke kuaŋ

      c) Alɔ ke cath në ye cök

      d) A & B aaye yith

10)   Yeŋö e cï aluɔ̈m tueŋ bën lëk aluɔ̈m de reu yɔn cen jai?

      a) Acïn kë cië bën lëk ye

      b) Acië bën lueel ye yïn ye meth dɔ̈ŋë, ku rɔ̈c wathok

      c) Acië bën lëk ye bï kë lɔ wathok në kööl dët

      d) B & C aaye yith

21.1.2 Dhuk ye thiëc tɔ̈u piinykë nïïm cië man tɔ̈u kek akëkölic:

      1. Ye aluɔ̈m naŋ cök kedï?

      2. Ye aluɔ̈m yïndï cië bën dït abë ya agueŋdït?

      3. Ye cök tueŋ ka cök ciëën ke aluɔ̈m keye kɔn cil?

      4. Ye mɛɛnh aguek cɔɔl yadï?

      5. Yeŋa dït në kaam de aluɔ̈m tueŋ ku aluɔ̈m de reu?

6. Yeŋö e cɔk aluɔ̈m tueŋ ciɛm këroor?
7. Yeŋö piöc akëköl wɔ?
8. Yeŋö ye piath de pïu të nɔŋ aluɔ̈m?
9. Yeŋö ye rëëc de riɛlic të nɔŋ aluɔ̈m?
10. Yeyï ŋa jiɛɛm akëköl ke?

21.1.3 Yeŋö ye luɛɛl de ke wël tɔ̈u piinykë cië man tɔ̈u ke akëkölic?

Agɔɔt	Këroor
Ayeer	Kuaŋ
Aluɔ̈m	Rɔ̈c
"Aluɔ̈m de reu"	Thɔ̈ɔ̈r
"Aluɔ̈m tueeŋ"	Thiääk
Alum	Thiaaŋ
Guiir	Tueeŋ
Jäny	Tueŋ
Jɔ̈ɔ̈ny	Wathok

22.0 Köör ku jöŋ kuc tëk

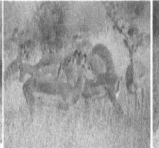

Na ɣɔn ke jɔ̈k ke dhoŋuan aake cië lɔ yäp. Na le kë yäp, keke räm piny në köör mayɔ̈ɔ̈rdït dhölic. Acï köör bën lëk jɔ̈k ye le yäp aya dë. Acï köör bën lëk jɔ̈k ye nɛk cɔk. Köör acië jɔ̈k bën thïïc, bï kë lɔ yäp në tök. Acï jɔ̈k bën gam bï kë lɔ yäp në köör. Köör ku jɔ̈k aacië bën cool keke yäp në läi abë akɔ̈l rɔt wel. Na yɔn në gëëŋ akɔ̈l keke cam keu ke thiëër. Aacië keu cï kë ke cam bën thɛl në tim thar.

Köör acië jɔ̈k bën yɔ̈ɔ̈k bï kë läi tek. Köör acië bën lɔ ku tëëc ke cië rɔt wëël ku dɛɛi në të bï jɔ̈k läi tek thïn. Jɔ̈k acië nïïm bën riɛɛr në të bï kë tëk läi. Jɔ̈k aacië tëk tëk de läi bën nyiëëth.

Jöŋ tök acië rɔt bën jɔt ku lueel "Tëŋ de ye läi kë, akɔc yic arët, aba ke tek!" Acië bën lueel, "Keu aaye thiëër ku wɔ ye thiëër. Raan tök në wɔɔk abë ya yiën ken tök". Na piŋ ajuɔɔŋ go rel ke cië piɔu riääk. Jɔ̈k acië bën päu kedhia wën reel e köör abë piny met e met. Köör acië jöŋ wën tëk bën maŋ nom abë thööŋ. Jö acië bën yɔ̈ɔ̈r ke cië miŋ ku cië cɔɔr. Köör acië bën lɔ ku tëëc ke cië rɔt wëël wën cen jöŋ wën tëk maŋ nom. Köör acië bën ŋot ke yöök jɔ̈k, bï kë läi tek keke cï gääu. Jɔ̈k aacië bën riɔ̈ɔ̈c arët.

Na wën ye tïŋ jöŋ tök ke käŋ cië rac, go rɔt jɔt ku lueel, "wänmääth acië kuɔ̈c tek, bäny mayɔ̈ɔ̈rdït". Jöŋ de reu acië jöŋ wën tëk tueeŋ bën gök arët bë köör cɔk mit piɔu.

Acï jöŋ de reu bën lueel, "keu ke dhoŋuan abë ke yiën köör ago kë ya thiëër ku ken tök abë yiën wɔ ke wɔ ye jɔ̈k, ago ku ya thiëër aya".

Köör acië piɔu bën miɛt në tëŋ de jöŋ de reu. Köör acië jöŋ de reu bën thïïc, "Yeŋa e piööc yïn ba ya tek apieth wulë?" Go jö dhuk, lueel, "Bäny mayɔ̈ɔ̈rdït yïn cië wänmääth maŋ nom wën abë miŋ ku cɔɔr. Mäŋ wën cïn wänmääth maŋ nom, yen acië ya piɔ̈ɔ̈c në tëŋ pieth"

Köör acië bën dɔl ke gut ye thok piny ku lueel, "Ye tek wuya, ago pïïr në run juëc". Köör acië läi ke dhoŋuan bën cuet ku cuet jɔ̈k lën töŋ den. Jɔ̈k aacië röth bën kualwei në tök abï kë jäl kedhia. Jɔ̈k aacië köör bën waan ke cuet läi ke.

Kë piööc akëköl: Riɛl awär yic në thɛɛ kɔ̈k.

22.1 Thëm de nom

22.1.1 Lɔc töŋ yeyic në ye ka cië thïïc piinykë yiic

1. Ye jɔ̈k kedï, e ke cië lɔ yäp?
    a) Aaye jɔ̈k ke thiëër
    b) Aaye jɔ̈k ke dhoŋuan
    c) Aaye jɔ̈k ke reu
    d) Aaye jɔ̈k ke diäk

2. Ye kɔ̈ɔ̈r kedï, e ke cië lɔ yäp?
    a) Aaye kɔ̈ɔ̈r ke dhoŋuan
    b) Aaye kɔ̈ɔ̈r ke reu
    c) E köör tök
    d) Aaye kɔ̈ɔ̈r ke dhïc

3. Ye köör cɔɔl ya dï në rin kɔ̈k?
    a) Aye cɔl ajuɔɔŋ
    b) Aye cɔl mayɔ̈ɔ̈rdït
    c) A & B aaye yith
    d) Aye cɔl aŋui maŋɔl
4. Yeŋö e cï köör thiëc jɔ̈k?
    a) Acië ke bën thïïc bï kë lɔ yäp ke pëc
    b) Acië ke bën thïïc bï kë lɔ yäp në tök
    c) Acië ke bën thïïc bï kë lɔ yäp miäk
    d) Acië ke bën thïïc bï kë cuɔ̈k lɔ yäp

5. Ye läi kedï e ke cië lɔ yäp në tök
    a) Aaye jɔ̈k ke dhoŋuan ku köör tök
    b) Aaye läi ke thiëër ku tök
    c) E köör tök yen acië lɔ yäp
    d) E jɔ̈k ke dhoŋuan keka cië bën lɔ yäp

6. Ye keu kedï ke cï kë ke bën cam?
    a) Aaye keu ke dhïc
    b) Aaye keu ke dhoŋuan
    c) Aaye keu ke thiëër
    d) Aaye keu ke reu

7. Cië köör bën tëk keu kedï?
    a) Köör acië bën tëk ken tök
    b) Köör acië bën keu ke reu
    c) Köör acië bën tëk keu ke dhoŋuan
    d) Köör acië bën tëk keu ke thiëër

8. E köör ku jɔ̈k cam keu nɛn?
    a) Aake cam keu akɔ̈l ciɛlic
    b) Aake cam keu në gääŋ akɔ̈l
    c) Aake cam keu yɔn miäk duur
    d) Aake cam keu yɔn thëëi

9. Cië jɔ̈k bën tëk keu kedï?
    a) Aacië bën tëk keu ke dhoŋuan
    b) Aacië bën tëk keu ke thiëër
    c) Aacië bën tëk keu ke reu
    d) Aacië bën tëk ken tök

10. Yeŋö e cɔk köör mit piɔ̈u?
    a) E wët cen në jöŋ tueŋ ŋiëc tek
    b) E wët cen në jöŋ de reu ŋiëc tek cië piɔ̈n de thok

c) E wët cen në ye tëk keu ke dhoŋuan
d) E wët cen në jɔk tëk ken tök
e) B & C aaye yith

22.1.2 Dhuk ye thiëc tɔ̈u piinykë:
1) Ye jöŋ nou cië ŋiëc tek?
2) Cië köör jöŋ cië kuɔ̈c tek bën looi yedï?
3) Cië köör jöŋ cië ŋiëc tek bën looi yedï?
4) Yeŋö e cen köör läi ye tek në yen?
5) Yeŋö cië bën yiëndï të nɔŋ jöŋ ɣɔn cï köör maŋ nom?
6) Yeŋö e mëŋ köör jö nom?
7) Yeŋö e yen köör jɔ̈k yɔ̈ɔ̈k, bï kë lɔ yäp në tök?
8) Yeŋö piööc akëköl?
9) Yeŋö e yen në jɔ̈k ye gam bï kë lɔ yäp në köör?
10) Yeŋö e cɔk jöŋ de reu ŋïc tek?

22.1.3 Yeŋö ye luɛɛl de ke wël tɔ̈ piinykë cië tɔ̈ kek akëkölic?

Ajuɔɔŋ	Piɔ̈ɔ̈th
Cɔɔr	Piɔ̈u
Jɔ̈k	Piööc
Jö	Riääk
Keu	Tɔ̈c
Kɛɛu	Tëëc
Köör	Thïïc
Maŋ	Tueeŋ
Mayɔ̈ördït	Tueŋ
Miŋ	Wëël

23.0 Muul, awan ku köör

Na ɣɔn ke muul ku awan aake lɔ kör në mïïth rokic. Ɣɔn ciɛth kek kueric, go kë rɔ̈m piny në köör. Köör ayäp rokic në läi. Köör acië cɔk arëtic. Agöör kë bë cam ben pïu dek. Köör acië awan ku muul bën mɔ̈ɔ̈th ke ŋuan ye thok. Köör alɔ ke tak ka juëc në ye nom. Aye köör lueel në ye piɔ̈u, "Kake mathɔn, ke reu. Ɣɛn bë tök cuet e man në, ku tök aba cuet alëthëëi".

Awan acië kë tɔ̈u në köör nom bën ŋic. Acië köör bën mɔ̈ɔ̈th ke mit piɔ̈u, lueel, "Looi yedï mayɔ̈ɔ̈rdït bänyde läi kedhia?" Go köör dhuk, "Acïn kë rac, Awan muɔɔrkuäu. Ɣɛn kën cam në nïn juëc ku ɣen cï Nhialic yiën kakï kereu në ye köölë"

Awan acië bën päu wën cen kë cï köör lueel piŋ. Acï awan bën ŋic keke kɔɔr köör bë ke cam ke mäthde. Awan acië ye nom bën tak në kë bë looi, ago köör cuɔ̈k cam. Muul akuc kë loi rɔt. Muul alɔ ke nyuäth wën jiɛɛm e köör ke awan. Akuc muul man yen göör awan bë nyiëën bï köör cam.

Acï awan bën lëk köör, "Yïn ye bäny de läi kedhia Mayɔ̈ɔ̈rdït. Yïn ye cam në läi dït ku cuɛɛi kë. Ace läi thii cït yï awan ke ye tɔ̈u në yï nom ba ke cam. Läidït cït maguar ku muul keka lëu bë kë yï kueth".

Muul acië awan bën yɔ̈ɔ̈k bï kë jäl në wët cï kek gääu. Köör acië muul bën ŋuen në nyin thar. Awan acië muul bën jöɔ̈ny bï kë yök keke töu. Muul akuc kë tit kë keke jam në köör.

Awan acië köör bën lɔ̈ŋ bï köör cuɔ̈k cam. Acï awan bëm lueel ye bë köör kuɔny në döm de muul. Awan ku köör acië muul bën dhuɔɔm adhumic në tök. Köör acië muul bën kac yeth ku thel adhumic.

Awan adaai wën cen në köör muul kac yeth ku thel adhumic. Acï awan thɔ̈ɔ̈ŋ ke bï köör jal pɔ̈l bë jäl. Wën cen në köör muul tïŋ ke cië lɔ kot adhumic go Awan dɔm ku dhoŋ yeth e ɣop.

Köör acië awan bën cuet ke muul daai adhumic. Muul acië bën dhiaau arët ku cïn kueer bïï yen bei adhumic. Köör acië muul bën cuet wën cen Awan thöl në cuët. Muul ku awan acï köör ke bën cam kedhia. Pɛl de awan, acië bën guut cië tuŋ ke jö.

Kë piööc akëköl: Na ɣaac cië mäth du kɔ̈u, ke yïn ɣɔɔc rɔt aya.

23.1 Thëm de nom

23.1.1 Lɔc töŋ yeyic në ye ka thïïc piinykë yiic:
 1) Cië köör muul bën kac tän ŋö?
    a) Acië bën kac yeth ku thel adhumic
    b) Acië bën kac nom ku thel adhumic
    c) Acië bën kac röl ku thel adhumic
    d) Acië bën kac cök ku thel adhumic
 2) Yeŋö e le muul ku awan kɔɔr rokic?
    a) Aake lɔ kör në pïu

      b) Aake lɔ yäp
      c) Aake lɔ kör në mïïth
      d) Aake lɔ tai roor
3) Ye lën nou yen cië bën rɔ̈m kueer ke awan ku muul?
      a) Aacië bën rɔ̈m piny në kuac
      b) Aacië bën rɔ̈m piny aŋui
      c) Aacië rɔ̈m piny akɔ̈ɔ̈n
      d) Aacië bën rɔ̈m piny në köör
4) Yeŋö cï awan bën looi ɣɔn cen në köör muul kac yeth ku thel adhumic?
      a) Awan acië bën kɛt wei bë lɔ thiaan
      b) Awan acië bën dɔl ke cääp
      c) Awan acië bën daai ke cië wëëŋ kë cië ye thar guɔ̈t piny
      d) Awan acië köör bën tɔ̈ɔ̈ŋ ku jiël
5) Yeŋö e yen në köör awan ku muul mɔ̈ɔ̈th ke ŋuan ye thok?
      a) Köör acï cɔk dɔm
      b) Acï köör tak në ye piɔ̈u ke bë muul ku awan cuet
      c) Köör acië yal
      d) Köör akɔ̈ɔ̈r bë jam
6) Yeŋa cië kë tɔ̈u në köör nom kɔn bën ŋic?
      a) E muul
      b) E awan
      c) Aakën kë tɔ̈u në köör nom bën ŋic kedhia
      d) Aacië kë tɔ̈u në köör nom bën ŋic kedhia
7) Yeŋö cië ye bën cɔk ŋic awan man kɔɔr köör bë ke cam ke mäthde?
      a) Acï awan bën lueel ye nëk cɔk
      b) Köör acië awan ku muul bën mɔ̈ɔ̈th ke ŋuan ye thok
      c) Acï köör bën lueel ye kake mathɔn kereu
      d) Aaye keka tɔ̈u nhialkë kedhia

8) Yeŋö cï köör bën looi γɔn cen muul thɛl adhumic?
   a) Acië awan bën leec në täŋ piethde
   b) Acië awan bën cɔk jiël
   c) Acië awan bën rël në röldït
   d) Acië awan bën dɔm ku dhoŋ yeth

9) Yeŋö e looi muul γɔn jiɛɛmë köör ke awan?
   a) Muul adëk në pïu
   b) Muul anyuäth në wal
   c) Muul acië tɔ̈c në tim thar
   d) Muul acië bën jäl ku wɛɛn muul ke jam ke köör

10)   Yeŋö cï muul bën looi γɔn cen në ye thɛl adhumic
   a) Muul acië bën mim
   b) Muul acië bën yööt bei adhumic ku kɛt
   c) Muul acië kë loi rɔt jal bën ŋic
   d) Muul acië awan bën cɔɔl bë ye bën miëëtbei adhumic

11)   Yeŋö e lueel awan ke köör?
   a) Awan aläŋ köör bï köör cuɔ̈k cam
   b) Awan anyïïn muul bï köör cam ku bï köör pöl
   c) Awan ajäny köör bë ciën raan ciɛm në kaam den ke mäthde
   d) Acïn kë lueel awan ke köör
   e) A & B aaye yith

12)   Ye lën nou cï köör kɔn bën cuet?
   a) E awan yen acï köör kɔn bën cuet
   b) E maguar yen acï köör kɔn bën cuet
   c) E muul yen acï köör kɔn bën cuet
   d) E akaca yen acï köör kɔn bën cuet

13)   Yeŋö cï köör bën looi γɔn cen në muul awan cɔɔl bï kë jäl?
   a) Köör acië muul bën ŋuen në nyin thar
   b) Köör acië muul bën ŋëëny
   c) Köör acië muul bën rël e γam

d) Köör acië muul bën ŋäär ku rueet ye lec bë muul riäächic

14) Cï awan bën lueel yeye läi kou pieth bï köör ke ya cam?
   a) E weŋ ku anyaar
   b) E maguar ku muul
   c) E akɔ̈ɔ̈n ku miir
   d) E thɔ̈rɔ̈t ku thiäŋ

15) Cië köör ku awan muul bën dhuɔɔm në ŋö yic?
   a) Aacië muul bëm dhuɔɔm wïïr
   b) Aacië muul bën dhuɔɔm roor
   c) Aacië muul bën dhuɔɔm adhumic
   d) Aacië muul bën dɔm ku näk kë

23.1.2 Dhuk ye thiëc tɔ̈u piinykë nhïïm:

1) Yeŋö e looi köör rokic?
2) Ye miöör ke awan cɔɔl yadï?
3) Ye rin kɔ̈k ke köör cɔɔl yadï?
4) Cië awan ŋö bën looi yɔn cen kë cï köör lueel piŋ?
5) Yeŋö e yen awan köör lɛc nom arët ku jiëëm apieth?
6) Yeŋö cï awan bën lueel yɔn cen në muul ye lueel bï kë jäl?
7) Yeŋö e cen në muul kë loi rɔt, ye deetic?
8) Yeŋö piööc akëköl?
9) Yeŋö ca nhiaar akëkölic?
10) Yeŋö e yen në köör awan bɔth ciëën?
11) Cië pɛl awan bën yiëndï?
12) Ye lën nou cië tiam akëkölic
13) Yeŋö ye piath de määth
14) E määth de muul ke awan pieth?
15) Yeŋö ye lueel de, "acië guut cië tuŋ ke jö"?

23.1.3 Yeŋö ye luɛɛl de ke wël tɔ̈u piinykë?

Muul	Ɖuen
Akaca	Adhum
Awan	Adhumic
Köör	Dhuɔɔm
Mïïth	Dhom
Mïëth	Dhoom
Päu	Wëëŋ
Riɔ̈ɔ̈c	Cääp
Jɔ̈ɔ̈ny	Cɔ̈ɔ̈p
Jäny	Mim

24.0 Abiök, kuëi ku gak

Na ɣɔn akɔ̈l ciɛlic, ke abiök aleer amël ke tëde nyuäth. Wën kuɛɛth yen amël ke, ke kuëi acië nyuc në kuur nom. Kuëi aye piny tïŋ në kë bë cam. Kuëi acië amël bën tïŋ keke kuɛɛth abiök ke në kuur lɔ̈ɔ̈m. Kuëi acië nyɔŋ thiin amääl bën tïŋ amël yiic. Acï kuëi bën tak bë ye nyɔŋë gɔp ku bë lɔ cuet. Kuëi acië bën bën ke wuu nhial ku gɔp nyɔŋ amääl në man lɔ̈ɔ̈m. Kuëi acië nyɔŋ amääl bën jɔt ke muk në ye cök. Acië këde bën lɛɛr në kuur nom bë lɔ cuet.

Gak acië kë cï kuëi looi bën tïŋ apieth ku tɛk bë looi aya. Gak arëër në tim nom wën gɔp e kuëi nyɔŋ amääl. Gak acië nyuc në këër de tim kɔ̈u. Acï gak bën tak bë nyɔŋ amääl lɔ gɔp ago nyuɔɔth man yen ril në kuëi. Acï gak tak bë nyɔŋdït apɛi gɔp. Gak acië ye nyin bën caath go nyɔŋdït ku cuɛɛi lɔc (meek) amël yiic. Aye nyɔŋdïit cië tuŋ gaar.

Gak acië bën päär ku lɔ ku juëk nyɔŋdïït amääl kɔ̈u në ye riööp. Gak akuc të yen në kuëi läi ke gap thïn. Akuc gak man ye lën cï thiek arët yen ye kuëi gɔp. Gak acië riööp bën rɔk në nyɔŋ amääl kɔ̈u. Nyɔŋ amääl athiek arët. Acï gak bën them bë päär go cuɔ̈k luäŋ. Gak acië bën päp ku cï lëu bë pëërwei.

Abiök, man wën daai në kë loi rɔt, acië gak bën dɔm cök ku muk aril ku tör. Abiök acië wuɔ̈k ke gak bën tɛɛm thookwei bë cuɔ̈k beer päär. Abiök acië gak bën lɛɛr baai ku lɔ ku gëm mïthke ke ye miɔ̈c thiekic të nɔŋ keek.

Mïth acië gak bën looi keye kë dɛɛn de pol. Na yɔn në kööl tök ke mïth thïc wun. "E kënë yen ye bäny de diɛt kedhia?" Go wun de mïth dhuk lueel, "Na ye ɣa, ke kënë e gak abac. Ace yen ye bäny de diɛt. Kuëi yen adït në ye. Kuëi yen e bäny de diɛt" Gak acië kë cï wun de mïth lueel jal bën piɛŋ nom. Acië jal bën deetic në kueer dët ke ye kuëi yen ril në ye. Gak acï mïth bën gäm aŋau bë cuet yɔn cï ke piɔ̈ɔ̈th thök në yeen.

Kë piööc akëköl: Loi kë ye tïŋ ke lëu në luɔi. Kɔn rɔt ŋic yï tök në rɔt, ku ba kë lëu në luɔi jal looi.

24.1 Thëm de nom
24.1.1 Lɔc töŋ ye yic në ye ka cië thïïc piinykë yiic:
1) Yeŋö e cɔk gak tak bë nyɔŋ amääl gɔp?
      a) Aye gak thɔ̈ɔ̈ŋ ke thöŋ ke kuëi
      b) Gak acië kuëi tïŋ ke göp, go tak bë gɔp aya

  c) Gak anhiaar bë gɔp në mïth ke amël

  d) Kuëi acië gak yɔ̈ɔ̈k bë gak gɔp aya

2) Yeyï ŋa jam akëkölic

  a) E abiök ku amëlke

  b) E kuëi

  c) E gak

  d) Aaye keka tɔ̈u nhialkë kedhia

3) Yeŋö e cɔk gak rök riööp në nyɔŋ amääl kɔ̈u?

  a) Gak alɔ riööp rɔkkɔk

  b) Gak acië gɔp në lɔŋ cen ye gɔp

  c) Gak acië nyɔŋ dïït amääl cï luäŋ në jöt juɔ̈k kɔ̈u

  d) Acïn kë ye yic në ye ka tɔ̈ nhialkë kedhia

4) Ye amäl yïn dï yen e cï kuëi gɔp?

  a) E amäl cië cuai

  b) E amäl cië guak

  c) E nyɔŋ thiin amääl

  d) E nyɔŋ dïït amääl

5) Cië mïth ke abiök gak bën looi yedï ɣɔn cï ke piɔ̈ɔ̈th thök në ye?

  a) Aacië gak bën nɔ̈k ku nyop kë bï kë cuet

  b) Aacië gak bën yiën aŋau bë cuet

  c) Aacië gak bën nyool ku thal kë bï kë cuet

  d) Aacië gak bën looi ke ye kë dɛɛn de thuëëc

6) Cië abiök gak bɛn looi yedï?

  a) Abiök acië gak bën nɔ̈k

  b) Abiök acië gak bën luɔ̈ny riööp bei ku pël bë kat

  c) Abiök acië gak bën duut cök ku nöök në tim nom rokic

      d) Abiök acië gak bën tet wuɔ̈k ku yïn mïthke, keye miɔ̈c thiekic

7) Yeŋö cï mïth bën thiëc wun den, ɣɔn cï kek thök në pol?

      a) Acï kë bën thïïc, "E kënë yen ye bäny de diɛt kedhia?"

      b) Acï kë bën thïïc, "E këně yen ye bäny de läi kedhia?"

      c) Acï kë bën thïïc, "E këně yen ye bäny de piny nom?"

      d) Acïn kë ye yic në ye ka tɔ̈u nhialkë

8) E kuëi tïŋ amël ke cië nyuc të nou?

      a) Acië nyuc në kuur thar

      b) Acië nyuc në tim nom

      c) Acië nyuc në kuur nom

      d) Acië nyuc aköt nom

9) Yeŋa e dɔm gak?

      a) E abiök

      b) E riööp ke

      c) E dël de nyɔŋ amääl

      d) Gak acië riööp rɔk në nyɔŋ de thök kɔ̈u

10)   E gak cië nyuc të nou ɣɔn gɔp e kuëi nyɔŋ amääl?

      a) Gak acië nyuc në rel nom

      b) Gak acië nyuc në tim nom

      c) Gak acië nyuc në kuur nom

      d) Gak acië nyuc në këër de tim kɔ̈u

24.1.2 Dhuk ye thiëc cië thïïc piinykë nhïïm:

      1) Cï wun de mïth bën dhuk yedï ɣɔn cen mïth ye thïïc?

      2) Yeŋö piööc akëköl?

3) E nyɔŋ amääl tɔ̈u nou ɣɔn gɔp e kuëi ye?
4) Yeyï ŋa jiɛɛm akëköl ke?
5) E gak cië amäl cï kuëi gɔp tïŋ apieth?
6) Yeŋö cï kuëi bën looi ɣɔn cen amël tïŋ?
7) Yeŋa cië tiam akëkölic?
8) Yeŋö ye luɔɔi de abiök?
9) E mïth ye gak thɔ̈ɔ̈ŋ ke yeŋö?
10) Yeŋa në kaam de kuëi ke gak?

24.1.3 Yeŋö ye luɛɛl de ke wël tɔ̈u piinykë cië man tɔ̈ kek akëkölic?

Abiök	"Kuur nom"
Aköt	Lɔ̈ɔ̈m
Amääl	Loi
Amël	looi
Cuai	Luäŋ
Cuet	Luɔɔi
Cuɛɛi	Luɔi
Dël	Nöök
Gak	Nyɔŋ amääl
Gap	Päär
Gɔp	Rel
Guak	Riööp
Këër	Thɔ̈ɔ̈ŋ
Kuëi	Thööŋ
Kuur	Thuëëc

25.0 Raan mac Jöŋkör tök

Na yɔn ke raan anɔŋ Jöŋkör tök. Na yɔn në kööl tök ke Jöŋkör de acië bën kɛt roor. Jöŋkör acië bën määr e liŋliŋ.

Go raan tök bën të nɔŋ raan cen në Jöŋkör määr ku yöök, "Mäth kë cië rɔt luɔ̈i yï e kë rac arët. Aŋiɛc, yïn cië piɔ̈u riääk arët"

Go raan nɔŋ Jöŋkör dhuk, "Abukku jal tïŋ". Raan nɔŋ Jöŋkör acië nom bën määr në Jöŋkör yɔn cen lɔ ceŋ roor në nïn juëc.

Na yɔn cië nïn lik tëëk, ke Jöŋkör yɔn cië kɛt roor acië bën lɔ dhuk baai ke kuɛny Jöŋköör cök ke thiër reu. Raan nɔŋ Jöŋkör tök acië piɔ̈u bën miɛt arët në wɛt cen Jöŋköör de lɔ dhuk baai ke Jökköör kɔ̈k ke thiër reu. Raan de Jöŋköör tök acie bën naŋ Jökköör ke thiër reu ku tök. Acië jal bën ya kë dïït de miɛt de piɔ̈u të nɔŋ yeen.

Acï raan thiääk ke ye bën lueel, "Yïn ca leec arëtic! e kë në e thööŋ pieth. Aŋääth ke yï cië piɔ̈u miɛt apɛi!"

Go raan akaca dhuk, lueel, "Abukku jal tïŋ".

Jöŋkör töŋ yɔn de Jökköör yɔn bɔ̈ roor, acië wën de raan nɔŋ baai bën wec abë dhoŋ. Raan de Jöŋkör anɔŋ wën töŋ tiɛɛt abac. Acïn nom mïth kɔ̈k. Wën de raan nɔŋ Jöŋkör acï Jöŋkör bën dhoŋ kuɔ̈l kedhia abë lɔ räcräc piiny.

Raan thiääk ke raan de Jöŋkör acië bën bën ku duut piɔ̈u, lueel, "Kë cië rɔt luɔ̈i yï, e kë rac arëtic. Aɲiɛc ke yï cië piɔ̈u riääk arëtic"

Go raan Jöŋkör bɛɛr dhuk, lueel "Abukku jal tïŋ"

Na yɔn në nïn diääk ke baai acië bën lɔ në tɔɲic. Rïnythi ebën acië bën cɔɔl bë lɔ në tɔɲic bï kë lɔ thɔ̈ɔ̈r. E tɔŋ e dït apɛi. Tɔŋ acië remthi bën thöl nyin.

E wën de raan de Jöŋkör yen acië bën poth ye tök. E wët e cen cök dhuɔɔŋ kedhia yen acɔk ye poth bë cuɔ̈k näk.

25.1 Thëm de nom

25.1.1 Lɔc töŋ ye yic në ye ka cië thïïc piinykë yiic:
1) E raan mac Jöŋkɔ̈ɔ̈r kedï?
    a) Amac Jɔ̈kkɔ̈ɔ̈r ke thiëreu
    b) Amac Jɔ̈kkɔ̈ɔ̈r ke thiëreu ku tök
    c) Amac Jöŋkör tök
    d) Amac Jɔ̈kkɔ̈ɔ̈r ke thiëër ku tök
2) Yeŋö cï Jöŋkör de raan de dom bën looi?
    a) Acië bën kɛt roor
    b) Acïn kë cië bën looi
    c) Acië lɔ kör jɔ̈kkɔ̈ɔ̈r kɔ̈k roor
    d) Acië wën de raan de dom bën wec abë dhoŋ cök
3) Ye Jɔ̈kkɔ̈ɔ̈r kedï cië bën lɔ bën baai Jöŋkör de raan dom?
    a) 21
    b) 20
    c) 22

    d) 1
4) Ye Jökköör kedï cië bën lɔ bën baai?
    a) 21
    b) 20
    c) 22
    d) 1
5) Yeŋö cï Jöŋkör töŋ ɣɔn bɔ̈ roor bën looi?
    a) Acïe wën de raan de dom bën wec abë cöök tök dhoŋ
    b) Acië wën de raan de dom bën wec abë dhoŋ cin kedhia
    c) Acië wën de raan de dom bën wec abë wiɛt piny
    d) Acië wën de raan de bën wec abë dhoŋ cök kedhia abë lɔ räcräc
6) Yeŋö cië bën tuɔ̈l baai?
    a) E tɔŋ dït yen acië bën tuɔ̈l
    b) Jökköör ke thiëreu ku tök keka cië bën lɔ dhuk baai
    c) E remthi yen acië bën lɛɛr tɔŋ bë lɔ thöör
    d) E cɔk yen acië bën tuɔ̈l baai
7) E raan de dom nɔŋ mïth kedï?
    a) Anɔŋ wät ke reu
    b) Anɔŋ wën tök
    c) Anɔŋ wën tök ku nyan tök
    d) Anɔŋ nyïïr ke diäk ku wën tök
8) Yeŋö e cen në wën de raan de dom ye lɔ tɔŋ?
    a) Acië riɔ̈ɔ̈c
    b) Acï wun pëën bë cuɔ̈k lɔ në tɔŋic
    c) E wët e cen cök dhuɔɔŋ kedhia

d) E wët e cen cin dhuɔɔŋ kedhia

9) E raan de jöŋkör ku wënde töu piɔ̈ɔ̈th yedï yɔn cïn në jöŋkör den lɔ dhuk baai ke Jökkɔ̈ɔ̈r kɔ̈k?

    a) Aacië piɔ̈ɔ̈th bën miɛt apɛi
    b) Aake kën piɔ̈ɔ̈th miɛt në kë cï Jöŋkör den looi
    c) Aacië piɔ̈ɔ̈th bën riääk
    d) Aacië piɔ̈ɔ̈th bën tɔ̈ cië man thɛɛr

10)   Ye nïn kedï cï Jöŋkör ke bën lɔ thöl roor?

    a) Aaye nïn ke 21
    b) Aaye nïn ke 20
    c) Aaye nïn ke 30
    d) Aaye nïn juëc
    e) Aaye nïn lik

25.1.2 Dhuk ye thiëc tɔ̈u piinykë nïïm cië man tɔ̈u kek akëkölic:

    1) Cië tɔŋ cië bën baai remthi bën looi yedï?
    2) Ye Jöŋkör yïn dï yen e wec wën de raan de dom?
    3) Ye Jöŋkɔ̈ɔ̈r kedï e ke cië kɛt roor?
    4) Ye Jöŋkɔ̈ɔ̈r kedï tɔ̈ akëkölic?
    5) Ye kɔc kedï tɔ̈ akëkölic?
    6) Ye rɛm kedï cië bën lɔ poth në tɔŋic?
    7) Yeŋö e cɔk Jöŋkɔ̈ɔ̈r roor lɔ bën baai?
    8) Yeŋö e yen në raan de dom ka cië röth luöi ye dhuk amääth?
    9) Yeŋö e yen në wën de raan de dom döŋ ke cï lɔ tɔŋ?
    10) Yeŋö ca nhiaar akëkölic?
    11) Yeŋö piöc akëköl wɔɔk?

25.1.3 Yeŋö ye luɛɛl de ke wël tɔ̈u piinykë cië man tɔ̈ ke akëkölic?

Akaca	Piɔ̈ɔ̈th
Akacaai	Poth
Jöŋköör	Rem
Aŋääth	Riääk
Apɛi	Rïnythi
Dhoŋ	Tɔŋic
Dhuɔɔŋ	Thɔ̈ɔ̈r
"Duut piɔu"	Thiääk
Mëër	"Thoŋ pieth"

26.0 Boŋbar cië rɔt piɔ̈th në biöŋ amäälic

Na ɣɔn ke boŋbar tök, acen në pïïr de yic riɛl rokic. Ye boŋbar ë, acië dhiɔp arët kuka cië kɔ̈c. Ace läi ye bɛɛr lëu në döm. Ye boŋbarë anhiaar rïŋ amääl. Boŋbaar agɔl amël në cäm ke ye meth abë dhiɔp. Na ɣɔn cië dhiɔp ku cië kɔ̈c, go amël cuɔ̈k ye bɛɛr lëu në cäm. Ye boŋbarë, acï amël bën ya dëëny. Boŋbaar acï cɔk bën nɔ̈k në kaam bääric. Acië bën ya cool ke buth amël në biöthic kuka cïn amäl cië bën ya cam. Boŋbaar acië piɔu bën jiɛth në kë cen në pïïr ye daar roor.

Na ɣɔn në kööl tök ke tak ye nom në kë bë looi. Acï boŋbaar bën tak bë rɔt piɔ̈th në biöŋ amäälic ago ya liääp ke amël. Acië rɔt bën piɔ̈th në biöŋ amäälic ku mɛt rɔt amël yiic bë ya nyuäth keke. Boŋbaar akën amël guɔ bën gɔl në cäm në nantöŋtëi. Boŋbaar acië bën ya cool në cäth ke amël ago rɔt ŋic keke. Acië rɔt bën ya dhoom bë cië ke nyuäth në wal ago amël cuɔ̈k dɛk ku abiök.

Boŋbaar akën amël bën dak man ce amääl. Na yɔn cï boŋbaar tïŋ ke cïn kë diiu amël në ye guɔ̈p, go ke gɔl në cäm në tök tök. Boŋbaar acië amäl tök bën ya dhuɔɔm në but köu ku lɔ ku ciɛm këde. Acië amäl tök bën ya dhoŋ yeth e yop ku thel kë de në butic bë lɔ cuet kë cië thiaan. Na cië këde cuet ke mɛt rɔt amël yiic bë lɔ cath keke. Na lɔ amël baai, ke boŋbaar aliip rɔt wei amääth në ke yiic. Boŋbaar aye lɔ nin në butic bë ruur ke cuet amäl dɛɛn wën cië dhoŋ yeth. Na ruɔ̈n piny, keka mɛt rɔt amël yiic bë lɔ cool në cäth keke agut abë amäl dët bɛɛr dhuɔɔm wei ku lɔ ku dhoŋ yeth e yop.

Boŋbaar acië amël bën cam kedhia në ye kueerë abë ke thöl. Piny de boŋbaar acië thar bën guut yɔn cen amël thöl në cäm kedhia.

26.1 Thëm de nom

26.1.1 Lɔc töŋ yeyic në ye ka töu piinykë yiic
1. E boŋbaar gɔl amël në cäm nɛn?
    a) Agɔl amël në cäm ke ye meth
    b) Agɔl amël në cäm ke cië dhiɔp
    c) Agɔl amël në cäm ke cië dït
    d) Agɔl cäm de amël ke kën në dhiëëth
2. Yeŋö e yen amël boŋbaar dëëny?
    a) Amël aake mor arët

b) Boŋbaar acië cök dhuɔɔŋ
c) Boŋbaar acië dhiɔp kuka cië kɔ̈c
d) Boŋbaar acië cɔɔr

3. Ye läi kou tɔ̈ akëkölic?
   a) E amääl ku boŋbaar
   b) E thɔ̈k ku boŋbaar
   c) E boŋbaar ku amël
   d) E boŋbaar ku thök

4. Yeŋö cï boŋbaar bën tak yɔn cen amël yeya dëëny?
   a) Acië bën tak bë amël ya buuth në pïu thook
   b) Acië bën tak bë amël ya buuth në but kɔ̈u
   c) Acië rɔt bën piɔ̈th në biöŋ amäälic ku ye cath ke amël
   d) Acië bën määth ke amël ku yeke dhuɔɔm në but kɔ̈u bë ke lɔ cam

5. Yeŋö kën amël boŋbaar bën dak?
   a) Boŋbaar acië rɔt piɔ̈th në biöŋ de beu yic ku mët ke amël
   b) Aaɲic amël ke boŋbaar cië dhiɔp ku cië kɔ̈c
   c) Amël aacië boŋbaar bën dak ku ye kë kɛt wei të nɔŋ yeen
   d) Boŋbaar acië rɔt piɔ̈th në biöŋ de amäälic go amël lueel yeye amääl

6. Yeŋö e cen në boŋbaar amël ye gɔl në cäm në nantöŋtëi yɔn cen rɔt piɔ̈th në biöŋ amäälic?
   a) Agöör boŋbaar bï amël ku abiök cuɔ̈k dɛk
   b) Boŋbaar acië riɔ̈ɔ̈c amël
   c) Agöör boŋbaar bï amël cuɔ̈k dɛk
   d) Agöör boŋbaar bï abiök cuɔ̈k dɛk

7. E boŋbbaar ye amël dhuɔɔm të nou, ku bë ke lɔ cam?
   a) Ake yeke dhuɔɔm në but kɔ̈u
   b) Ake yeke dhuɔɔm roor
   c) Ake ye ke dhuɔɔm në pïu thook
   d) Ake ye ke dhuɔɔm të mec ke baai
8. Ye amël kedï, e ke ye boŋbaar ke dhoom bë ke lɔ cam?
   a) Boŋbaar aye amäl tök dhoom ku lɔ ku ciɛm në but kɔ̈u
   b) Boŋbaar aye amël ke reu dhoom ku lɔ ku ciɛmke në but kɔ̈u
   c) Boŋbaar aye amël ke diäk dhoom ku lɔ ku ciɛmke në but kɔ̈u
   d) Boŋbaar aye amël ke ŋuan dhoom ku lɔ ku ciɛmke në but kɔ̈u
9. Yeŋö cië bën yiën dï yɔn cen boŋbaar amël thöl në cäm?
   a) Boŋbaar acië bën ya lɔ yäp në läi rokic
   b) Boŋbaar acen në pinyde thar bën guut
   c) Boŋbaar acië biöŋ de thɔ̈k bën piɔ̈th ku ye lɔ nyuäth ke thök
   d) Acïn kë cië lueel akëkölic në biäk de kë cië rɔt bën looi yɔn cen boŋbaar amël thöl në cäm
10. Ye lën yïndï ril akëkölic?
    a) E amääl yen aril
    b) E amël keka ril
    c) E thök keka ril
    d) E boŋbaar yen aril

26.1.2 Dhuk ye thiëc tɔ̈u piinykë nhïïm:
1. Yeŋö piööc akëköl?
2. Ye läi kou jam akëkölic?

3. Ye nyin de ŋa yen töu në läi jam akëkölic thïn?
4. Yeŋö e yen në boŋbaar amël dhuɔɔm në but köu në tök tök?
5. Yeŋö e yen boŋbaar rɔt piöth në biöŋ amäälic?
6. Yeŋö ca nhiaar akëkölic?
7. Ye amël kedï cië bën poth në boŋbaar thok?
8. Yeŋö e yen në boŋbaar rɔt dhoom bë cië ke nyuäth në wal?
9. Ye boŋbɛɛr kedï tö akëkölic?
10. Ye amël kedï tö akëkölic?

26.1.3 Yeŋö ye luɛɛl de ke wël töu piinykë cië man tö ke akëkölic?

Abiök	Dhuɔɔm
Amääl	Köc
Amël	Liääp
Biöök	Nantöŋtëi
Biöth	Nuaan
Boŋbaar	Nyuäth
Boŋbɛɛr	Piny acië thar guut
Buuth	Tak
Daar	Täk
Dëëny	Tök tök
Dhiɔp	Wal
Dhoom	Wäl

27.0 Nhialic cɔk kɛɛu beer tɔ̈c ku ba bɛɛr wuɔ̈ɔ̈c

Na ɣɔn ke raan cɔl Dääu atɔ̈u. Dääu e raan e ye yäp në läi arët. Dääu aye raan bäär kuka piɔl. E raan e nɔŋ awuur juëc. Aye läi kɔ̈k cop abë ke dɔm në ye cin. Dääu aye ayiëëp. Agɔl yäp de läi ke ŋot ke koor. Acië naŋ ŋïnydït në lɔŋ yäp de läi.

Dääu acië rɔt bën jɔt në kööl tök ke lɔ yäp. Acië rok bën dïlic yetök ke lɔ yäp. Dääu amuk tɔŋ, bith ku atuel (thieec) në ye cin. Aake ye ka kɛɛn ke yäp de läi kedhia. Dääu amuk atuel ku bith në ciin de cam; kuka muk tɔŋ në ciin de cuiëc. Tɔŋ e muk Dääu, aye tɔŋ moth arët. E tɔŋ dɛɛn e cen läi juëc nɔ̈k e lan e gɔl yen yäp de läi ke koor. Dääu e raan e moth kɔ̈k arët. Acïn lën cië kɔn wuɔ̈ɔ̈c në thär në tɔŋde.

Dääu acië roor bën kuanyic apɛi ku cïn lën dɔc yök. Acië piny bën yɔ̈ɔ̈p arët ku cïn lën yök. Acië bɔ̈t bën ya luiitiic ku cïn lën yök. Acië tiim bën ya gööriic ku cïn lën yök. Acië nyuɔ̈ɔ̈n bën ya yanyic ku cïn lën yök. Dääu acië wëër bën göör nïïm ku cïn lën yök. Acië kiir bën kuany kɔ̈u ku cïn lën yök. Dääu acië bën yäp abë dhäär (dak). Acï Dääu bën tak bë dhuk baai, nëŋö aɲic ke cië daar (dhiil) në ye köölë.

Ɣɔn në gëëŋ (gääŋ) akɔ̈l ke Dääu acië bën lööny dhöl (kueer) ke dhuk baai. Dääu acië cɔk arët. Acï Dääu bën them bë dɔc dhuk baai bë lɔ cam.

Ɣɔn ciɛth e Dääu kueric (dhölic), keka cië yɔ̈t (yuek) bëŋ tïŋ në rok ciɛlic. Acï Dääu bën thɔ̈ɔ̈ŋ ke yueŋë nɔŋic lëi. Dääu acië bën lɔ bë e yueŋë lɔ tïŋic man nɔŋ lën cië thiaan thïn.

Dääu acië bën cath ke kuɛɛny ye cök wën cen thiɔ̈k ke yɔ̈t. Dääu acië kɛɛu bën tïŋ ke cië thiaan yɔ̈ɔ̈t (yueek). Acï Dääu bën them bë kɛɛu tuɔ̈ŋ (dhɔm) ku bë thɔ̈ɔ̈r (lëk) bë nɔ̈k. Kɛɛu acië nin.

Dääu acië tɔŋde bën tääu në ciin cuiëëc ku thëër kɛɛu, go wuɔ̈ɔ̈c. Dääu athär (alëk) kɛɛu ke cië bäär (jɔ̈t) ye piɔ̈u. Tɔŋ acië bën lööny në kɛɛu lɔ̈ɔ̈m abë lɔ bot piny. Dääu acië kɛɛu bën thɔ̈ɔ̈r në bith go bɛɛr wuɔ̈ɔ̈c. Bith acië bën lɔ lïŋ piny aya.

Acï Dääu bën them bë tɔŋ miëët bei piiny ku bë kɛɛu bɛɛr thɔ̈ɔ̈r. Tɔŋ acië bën dhöth piny. Kɛɛu acië rɔt bën taŋ nhial ku kɛt. Dääu acië kɛɛu bën päär köu kɔɔr bë nɔ̈k në ye cin. Kɛɛu acië Dääu bën teŋwei në ye köu. Dääu acië ye nhiɔl ku ye kɔɔr bën piɔ̈ɔ̈k arët.

Dääu acië rɔt bën jɔt ku teŋ ye nhiɔl. Acië bën daai në kɛɛu ke kat ku cïn të dɛɛn lui ye. Acï Dääu bën lueel, "Nhialic, cɔk kɛɛu bɛɛr tɔ̈c ku ba bɛɛr wuɔ̈ɔ̈c" Nhialic akën kɛɛu bën bɛɛr cɔk tɔ̈c, ku bï Dääu bɛɛr thɔ̈ɔ̈r ku bë wuɔ̈ɔ̈c.

Kë piööc akëköl: Kë lëu bï yï kony, ace rɔt ye bɛɛr piny të kuc yïn ye looi.

27.1 Thëm de nom

27.1.1 Lɔc töŋ ye yic në ye ka cië thïïc piinykë yiic:

1) Cië Dääu kɛɛu bën thɔ̈ɔ̈r në ŋö ɣɔn cen ye wuɔ̈ɔ̈c në tɔŋ?
   a) Acië kɛɛu bën thɔ̈ɔ̈r në waai

      b) Acië kɛɛu bën thɔ̈ɔ̈r në bith

      c) Acië kɛɛu bën biök atuel

      d) Acië kɛɛu bën thɔ̈ɔ̈r në liɛny

2) E Dääu jɔk yäp nɛn?

      a) Ajɔk yäp de läi ke dhiëth

      b) Ajɔk yäp de läi ke ye meth

      c) Ajɔk yäp de läi ke koor

      d) Ajɔk yäp ke cië dït

3) E Dääu lööny dhöl ke lɔ baai nɛn ɣɔn cen në ye dhiil?

      a) Alööny dhöl ke lɔ baai në tääŋ akɔ̈l

      b) Alööny dhöl ke lɔ baai në gëëŋ akɔ̈l

      c) Alööny dhöl ke lɔ baai ɣɔn thëëi

      d) Alööny dhöl ke lɔ baai ɣɔn miäk duur

      e) A & B aluel tök

4) E Dääu muk ŋö ɣɔn len yäp?

      a) Dääu amuk tɔŋ

      b) Dääu amuk bith

      c) Dääu amuk atuel

      d) Dääu amuk keka tɔ̈ nhialkë kedhia

5) E Dääu tïŋ yuek të nou?

      a) Atïŋ yuek në rok ciɛlic

      b) Atïŋ yuek në kueer këc

      c) Atïŋ yuek në wëër nom

      d) Atïŋ yuek në tiimiic

6) E kɛɛu loi ŋö yɔ̈ɔ̈t ɣɔn tuŋ e Dääu yeen?

      a) Kɛɛu acië thiaan

      b) Kɛɛu ayiën

      c) Kɛɛu anin

      d) Keka nhialkë aaye yith

7) E moth kɛɛu nɛn man nɔŋ kë näk ke?
    a) Amoth ɣɔn cen në Dääu ye thɔ̈ɔ̈r në tɔŋ
    b) Amoth ɣɔn cen në Dääu ye thɔ̈ɔ̈r në bith
    c) Amoth ɣɔn cen në Dääu ye päär kɔ̈u
    d) Amoth ɣɔn cen në Dääu ye biök atuel

8) Ye ɣän kou cï Dääu ke bën piök në ye guɔ̈p ɣɔn cen në kɛɛu ye tɛŋwei?
    a) Dääu acië ye nhiɔl bën piök
    b) Dääu acië ye kɔɔr bën piök
    c) Dääu acië kɔ̈u bën piök
    d) A & B aaye yith

9) Ye ɣän kou ke cï ayiëëp ke bën göör yiic?
    a) Acië bɔ̈t bën luiit yiic
    b) Acië tiim bën göör yiic
    c) Acië nyuɔ̈ɔ̈n bën yanyic
    d) Acië wëër bën göör nïïm
    e) Keka nhialkë aaye yith

10)   Yeŋö cï Dääu bën lueel ɣɔn dɛɛi yen në kɛɛu ke jiël?
    a) Acië kääŋ bën thɔ̈ɔ̈th
    b) Acië kɛɛu bën cieen
    c) Acië rɔt bën gɔ̈k arët
    d) Acïn kë cï Dääu bën lueel

27.1.2 Dhuk ye thiëc cië thïïc piinykë nhïïm:
1) Cië tɔŋ bën lööny të nou ɣen cen në Dääu kɛɛu wuɔ̈ɔ̈c?
2) Yeŋö cï Dääu bën ɣɔn cen në kɛɛu ye tɛŋwei?
3) Yeŋö cï Dääu bën looi ɣɔn cen në kɛɛu rɔt taŋ nhial?
4) Yeŋö cï Dääu bën tak ɣɔn cen daar?
5) Yeŋö cï kɛɛu bën looi ɣɔn cen në Dääu ye wuɔ̈ɔ̈c?
6) Yeŋö e cɔk Dääu wäc kɛɛu bë thɔ̈ɔ̈r?

7) Yeŋö e ye Dääu luiit në böt yiic?
8) Yeŋö piööc akëköl?
9) Yeŋö ye luɔɔi de ayiëëp?
10) Yeyï ŋa jam akëkölic?

27.1.3 Yeŋö ye luɛɛl de kë wël tɔu piinykë cië man tɔ kek akëkölic?

Atuel	Läi
Awuur	Miëët
Ayiëëp	Moth
Bäär	Nhialic
Böt	Nyuɔɔn
But	Päär
Daai	Piɔɔk
Dak	Piɔl
Dhäär	Rok
Dhɔm	Roor
Dhiil	Thiaan
Dhöl	Thieec
Dhöl	Tiim
Dhöth piny	Tuɔŋ
Gëëŋ aköl	Wëër
kat	Yɔɔt
Kɛɛu	Yɔt
Kööl tök	Yueek
Kueer	Yuek

28.0 Akaca cië lööny yiith

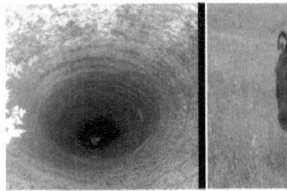

Na yɔn ke akaca de raan de dom acië lööny yiith. Akaca acië bën dhiaau arët në kaam bääric. Raan de dom acië ye nom bën tak arët në kueer ben akaca de bëëi bei yiith. Acïn kueer cï raan de dom bën tak ben akaca de miëët bei yiith. Akaca acië dhiɔp kuka cië niööp. Aye akaca cië nom ciën luɔɔi.

Akaca acië lööny në yinh thɛɛric. Acïn pïu e ke yeke bɛɛr miit në ye yinhë yic. Yith acië dëu ku cië yic cil në nyuöön. Acï raan de dom bën tak bë yith nuökic ke akaca töu thïn. Acï raan de dom bën tak bë akaca thiɔk ke pïïr.

Raan de dom acië kɔc thiääk në ye kedhia bën cɔɔl bï kë ye bën kuɔny në nuk de yithic. Kɔc cië ke cɔɔl kedhia aacië bën guëër. Raan ebën aacië cɔɔl bë bën ke muk puurde ben bën luui. Kɔc aacië yith bën gɔl në jukic liɛɛt.

Akaca acië bën kïïu arët ke cië piöu miɛt arëtic wën tïŋ yen kɔc në yith nom. Acï akaca bën thööŋ ke kɔc bö bï kë ye bën miëët bei yiith. Kɔc aacië yith bën gɔl në nuk kë yic. Na ye kaam thiin koor, ke deet akaca yic, man kɔɔr kɔc bï kë thiɔk ke pïïr. Akaca acië bën böör arëtic ke cië riööc. Acï akaca thööŋ ke yen ye thonde ye kë cië bën yeya ë.

Na ye lɔ kaam koor ke akaca bit ye thok, miim e lik. Akaca acië bën kiu ke mit piɔ̈u. Kɔc aacië jal bën gäi në gäidït në në kë cen akaca böör pɔ̈l ku kiu ke cië piɔ̈u miɛt. Kɔc aacië bën ŋot keke jok liɛɛt ku tiɔp në yithic. Raan de dom acië yith bën luiitic bë kë looi akaca piiny tïŋ. Raan de dom acië bën gäi arëtic wën tïŋ yen kë looi akaca yiith. Acï raan de dom bën tïŋ ke akaca ye lɔ ke bɔ̈ nhial. Akaca acië liɛɛt ku tiɔp bën ya teŋwei në ye kɔ̈u ku wɛɛth ye cök nhial.

Kɔc kedhia aacië bën gäi ku ŋoot keke jok tiɔp në yithic. Akaca acië tiɔp bën ya lɔ ke teŋ piny në ye kɔ̈u, ku lɔ ke bɔ̈ nhial. Kɔc kedhia aacië nïïm bën kɔ̈ɔ̈c, në kë looi akaca. Kɔc aacië yith bën nuɔ̈kic abë akaca yööt bei ku wec raan de dom abë cuat piny. Akaca acië bën löönÿ piny e kueet kueet në cök ke cië man de, jiël. Raan de dom acië bën kuɔ̈ɔ̈tic ku leer ë ɣöt. Kɔc cië ke cɔɔl aacië jal bën thiëi piny.

Kë piööc akëköl: pïïr de piny nom e yï juɔ̈k kɔ̈u ka thöŋ ke tiɔp ku liɛɛt. Kueer pieth e bïï akaca bei yiith e bë ye kɔ̈u ya teŋ ku lɔ ke lɔ nhial. Ka ril ke pïïr yeke yök kedhia anɔŋ kueer thiin lëu ba tak bïn ke tiaam.

Na cië yï nuɔ̈k kɔ̈u ke yï teŋ rɔt cië man de akaca ku lɔ ke yï lɔ nhial. Duk yï kɔ̈u cok nuk kë abë yï thiɔ̈k. Yeyï kɔu teŋ ku yïn bë bën bei cië man de akaca tɔ̈u në ye akëköl kënë yic.

28.1 Thëm de nom

28.1.1 Lɔc töŋ ye yic, në ye ka cië ke thïïc, tɔ̈u piinykë yiic:
1. Akaca cië löönÿ në ŋö yic?
      a) Acië löönÿ në ɣalic

b) Acië lööny awuɔ̈lic

c) Acië lööny yiith

d) Acië lööny adhumic

2. Ye kɔc kou e ke kony raan de dom në nuk de yithic?

    a) Aaye när ke

    b) Aaye mëëth ke

    c) Aaye walëënke

    d) Aaye kɔc thiääk në yeen

3. Yeŋö e yen në raan de dom yith cɔk nuk kë yic?

    a) Aye yinh cië dëu aka cïn raan ye mïït në pïu thïn

    b) Akaca acië dhiɔp aka cïn kë beer kuɔ̈ny raan de dom

    c) Arilic apɛi bë akaca mïëët bei yiith

    d) Aaye keka tɔ̈u nhial kë, kedhia

4. Yeŋö cï akaca bën looi yɔn cen lööny yiith?

    a) Acië bën yööt bei ye tök

    b) Acië bën böör arët

    c) Acië bën dhiaau arët

    d) B & C

5. Yeŋö cï raan de akaca bën looi yɔn cen akaca de biɛt ku kiiu ke mit piɔ̈u?

    a) Acïn kë cï raan de akaca bën looi

    b) Acië kɔc nuk yithic në bën cɔɔl bï kë kë looi akaca tïŋ kedhia

    c) Acië yith bën luiitic bë kë looi akaca tïŋ

    d) Acië kɔc bën jöö̈ny bë yith cuɔ̈k beerë nuɔ̈kic

6. Yeŋö cï akaca bën looi yɔn cen ye deetic man thiäk ke pïïr?

    a) Acië bën tɔ̈c yiith

      b) Acië tiɔp ku liɛɛt bën ya tɛŋ piny në ye kɔ̈u ku lɔ ke bɔ̈ nhial

      c) Acië rɔt bën lony piiny në yith thar, yööt bei

      d) Acïn kë cï akaca bën looi

7. Cië kɔc ŋö bën looi yɔn cïk kek kë looi akaca tïŋ?

      a) Aacië bën gäi në gäidït

      b) Aacië yith dɔc bën nuɔ̈kic

      c) Aacië yith bën puɔ̈l në nuk kë yic

      d) Aacïn kë cï kë bën looi

8. Yeŋö cï akaca bën ya looi të cen tiɔp ku liɛɛt tɛŋ piny në ye kɔ̈u?

      a) Akaca acië bën ya kɔ̈ɔ̈c abac

      b) Akaca acië bën tɔ̈c ku ŋic ke cië thou

      c) Acië ye cök bën ya waath ku lɔ ke bɔ̈ nhial

      d) Acïn kë cï akaca bën looi

9. Të kën në akaca ye nom tak e të cië ŋö yiëndï?

      a) E të cï kɔc miëët bei yiith

      b) E të cï kɔc thiɔ̈k ke pïïr

      c) E të cï nhialic kuɔ̈ny bei yiith

      d) E të cï raan de dom cɔ̈l kɔc bë bën miëët bei yiith

10.   Yeŋö cï akaca bën looi yɔn cen yööt bei yiith?

      a) Acië raan de dom bën wec abë cuat piny ku jiël e kueetkueet në cök ke

      b) Acië bën tɔ̈c në yith nom bë lɔ̈ŋ

      c) Acië bën lɔ baai

      d) Acië bën kiu në yith nom ke cië piɔ̈u miɛt

11.   Yeŋö ye luɔɔi de akaca të nɔŋ raan?

      a) E raan yiën ca

      b) Ayen në rïŋ de cuet

c) E raan kuɔny në jöt jöt de käŋ ku cäth
d) Acïn kë ye akaca kuɔ̈ny raan
12. Nɔŋ akaca tuŋ kedï?
a) Anɔŋ tuŋ tök
b) Anɔŋ tuŋ ke reu ku yïth ke reu
c) Acïn nom tuŋ
d) Anɔŋ tuŋ ke ŋuan
13. Ye läi kou ruääi (thiääk) akaca?
a) Akaca athiääk ke maguar
b) Akaca athiääk ke muul
c) Akaca aruääi ke Jöŋköör
d) Akaca aruääi (athiääk) keke läi tɔ̈u nhial kë kedhia
14. Nɔŋ akaca kär ke dï?
a) Akaca anɔŋ kär ke 4
b) Akaca anɔŋ kär ke 2
c) Akaca anɔŋ kär ke 6
d) Akaca anɔŋ kär ke 8

28.1.2 Dhuk ye thiëc tɔ̈u piinykë nhïïm cië man tɔ̈u kek akëkölic:

1) Yeŋö piöc akëköl wɔ?
2) E kɔc jok tiɔp ku liɛɛt yiith në në ŋo?
3) Yeŋa tueeŋ jam akëkölic?
4) Yeŋö e yen akaca böör arëtic?
5) Yeŋa piööc akëköl?
6) Yeŋa e kony raan de dom në nuk de yithic?
7) E ŋic raan de dom man tɔ̈u akaca yiith yedï?
8) E yith nɔŋic pïu?

9) Yeŋö e yen në raan de dom ye göör bë akaca thiɔ̈k ke pïïr?
10) Yeŋö ye akaca luɔ̈i raan?
11) Tɔ̈ akaca në nyin de ŋa yic?
12) Tɔ̈ kɔc nuk yithic në nyin de ŋa yic?
13) Yeŋö cï akaca bën looi, yɔn cen bën bei?
14) Ye akacaai kedï keke mɛc raan de dom ke?
15) Ye läi kɔ̈k kou e ke mɛc raan de dom ke?
16) Cië kɔc yith bën wëëtic bei yɔn cen akaca bën bei?

28.1.3 Yeŋö ye luɛɛl de ke wël tɔ̈ piinykë cië man tɔ̈ kek akëkölic?

"Akɔɔr ba yï piɔ̈u pɔ̈l"	Liɛɛt
"E kueet kueet"	Lööny
"Teŋ yï kɔ̈u"	Luɔ̈ŋ
Bääric	Luiitic
Bëëi bei	Miëët
Bɛɛr	Miim
Böör	Miit
Dhiɔɔp	Mïït
Dhiɔp	Mim
Gäi	Nhial
Göör	Pur
Jok	Puur
Juɔ̈k	Thiäk
Juɔ̈k	Thiɔ̈k
Käär	Tiɔp
Kär	Wɛɛth
Kiiu	Yiith
Kueer pieth	Yith

Akun de jö ku mɛɛnh aŋau

Na ɣɔn ke raan anɔŋ akun e jö ku mɛɛnh aŋau. Aake yeke cääm apieth të töu yen baai. Na cië raan de baai jäl keka nhiɛɛr akun de jö bë ya pol.

Akun de jö anhiaar pol arëtic. Mɛɛnh aŋau acï pol nhiaar. Aye pol në thaa dët ku na ye thaa dët keka cï pol. Mɛɛnh aŋau anhiar bë ɣöt ya caathic, bë të yen në käŋ tööu thïn ŋic.

Akun de jö aye mɛɛnh aŋau bui guɔ̈p në kë cen pol nhiaar. Aye yɔ̈ɔ̈k, "Yïn ye dïn dïït liric cië aboloc. Yïn cië bël. Yeŋö cïn ye pol cië wariëëc ku?" Na nɔŋ kë kɔɔr ba cam, keka bï raan de baai ya kɔ̈ɔ̈r yï. Yeŋö yïn rɔt nuaan abac?"

Na ɣɔn në kööl tök, ke raan de baai deeny riän de nom abë rɔt yiën ɣän töök. Raan de baai acië bën lɛɛr paan akïm bë lɔ beec. Raan de baai acië bën töu paan akïm në nïn ke dhetem. Akun de jö ku mɛɛnh aŋau aacië bën töu baai ke pëc në ke nïn kë ke dhetem. Mɛɛnh aŋau acië rɔt bën ya kɔ̈ɔ̈r kë ciɛm yetök. Aŋic të yen në käŋ tööu thïn ɣööt. Akun de jö acië jal bën ya nin, e nom ke yeth. Acië bën ya but ke cïn kë ciɛm. Akun de jö akuc të yen në käŋ tööu tïn. Akun de jö acië bën guak në cɔk, abë pol cuɔ̈k ye bɛɛr tak. Mɛɛnh aŋau acië jal bën ya yöt ke pol. Akun de jö acië jal bën ya daai në mɛɛnh aŋau. .

Na ɣɔn lɔ raan de baai dhuk paan akïm, ke yök mɛɛnh aŋau ke pol ɣööt. Na ye cuɛt ye nyin të në, ke tïŋ akun de jö ke ye wëëi e nuet piiny. Akun de jö acï rɔt ye bɛɛr lëu në jöt piiny. Akun de jö acië ŋuɛɛt abë thar lɔ toŋoŋ. Acië guak në cɔk aka cïn riɛl lëu ben ye yɔ̈l dɛŋ (ŋuiɛn). Akun de jö acië guak abë döŋ në yom ku biöök. Mɛɛnh aŋau acië cuai abë guɔ̈p lɔ bolbol.

Raan de baai acië piɔ̈u bën riääk arëtic në ŋuɛɛt akun de jö. Acië akun de jö bën töök abë cuai cië man thɛɛr de. Akun de jö acië nom bɛn bäth në pol ɣɔn cen pial ku cië cuai.

Gɔl në ye akälkë agut cië ye man në, jö e cool ke kɔɔr të töu ë kuïn thïn. Aye jö tak cië ke cɔŋ ɣɔn bë yic bɛɛr dhuɔ̈k. Na cak jö kuɛth në ye mɛɛn, keka ŋot ke lɔ cath, bë tɔ̈ e kë cam miäk thïn lɔ göör.

Na nhiaar pol ku man luɔi, ke yïn bë piɔ̈u dhiaau. Yïn cï piɔ̈u bë kɔn miɛt në pïïrdu yic. Kë ye looi në yïn, yen ke yï muk. Duk rɔt gei në raan dɛ̈t. Acï Jiëëŋ thäth kääŋ, "Kë de raan dɛ̈t cï yïn thar aŋuem"

29.1 Thëm de nom

29.1.1 Lɔc töŋ yeyic në yeka cië thïïc piinykë yiic:
1) Yeyï ŋa jiɛɛm akëköl ke?
    a) E akun de jö
    b) E mɛɛnh aŋau
    c) E raan de baai
    d) Aaye keka nhialkë kedhia
2) Yeŋa nhiaar pol akëkölic?

      a) E mɛɛnh aŋau yen anhiaar pol

      b) E akun de jö yen anhiaar pol

      c) Aanhiaar pol kedhia

      d) Aaman pol kedhia

3) Yeŋö e nhiɛɛr akun de jö?

      a) Akun de jö anhiaar pol

      b) Akun de jö anhiaar bë guïk arët

      c) Akun de jö anhiaar bë tai

      d) Akun de jö anhiaar kuïn

4) Yeŋö cië rɔt bën luöi wun de baai?

      a) Acië bën tuaany

      b) Acië riän de bën dɛɛny nom ku yök yän töök

      c) Acïn kë e cië rɔt luöi ye

      d) Acië keny të mec

5) Yeŋö e nhiɛɛr mɛɛnh aŋau?

      a) Anhiaar pol

      b) Anhiaar bë guik arët

      c) Anhiaar bë tai

      d) Anhiaar bë göör në kë bë cam

6) Cië raan de baai bën yääth të nou yɔn cen riän de dɛɛny nom?

      a) Acië bën yääth baai

      b) Acië bën lɛɛr paan akïm

      c) Acië bën lɔ tääc ku lɔ töök paan akïm

      d) B & C aaye yith

7) Yeŋa cï cɔk bën nɔ̈k yɔn kën në raan de baai dɔc lɔ dhuk ciëën?

      a) E mɛɛnh aŋau

      b) E akun de jö

c) Acïn raan de kek cï cɔk bën nɔ̈k

   d) Aacië bën cɔk kedhia

8) Yeŋa cï raan de baai bën yök ke cuai?

   a) E akun de jö yen acië bën yök ke cuai

   b) Acï raan de baai ke bën yök keke cuai kedhia

   c) E mɛɛnh aŋau yen acië bën yök ke cuai

   d) Acï raan de baai ke bën yök keke cië nɔl kedhia

9) Cië raan de baai akun de jö bën yök ke yïndï?

   a) Acië bën yök ke cië cuai

   b) Acië bën yök ke cië ŋuɛɛt aka cï rɔt ye luɔ̈ŋ në jöt piiny

   c) Acië bën yök ke cië thou

   d) Acië bën yök ke cië jäl baai

10) Ye nïn kedï cï raan de baai ke bën lɔ niin paan akïm?

   a) Aaye nïn ke reu

   b) Aaye nïn ke dhïc

   c) E kööl tök abac

   d) Aaye nïn ke dhetem

11) Cië Raan de baai mɛɛnh de aŋau bën yök ke yïndï?

   a) Acië bën yök ke cït guɔ̈p man de

   b) Acië bën yök ke cië ŋuɛɛt

   c) Acië bën yök ke cië thou

   d) Acië bën yök ke cië jäl baai

12) Yeŋö cië bën yïën dï të nɔŋ akun de jö ɣɔn cen në ye töök?

   a) Acië nom bën määr në pol

b) Jö e cool ke göör ke bë cam agut të cen cak kuɛth
c) Acië bën ya cool në pol
d) A & B aaye yith

29.1.2 Dhuk ye thiëc lik tɔu piiny kë cië man tɔu ke akëkölic:

1) Ye nyin de ŋa yen tɔu akun de jö ku mɛɛnh aŋau thïn?
2) Yeŋa cï wun de baai bën yök ke cuai?
3) Yeŋa e cië ŋuɛɛt abë ye yɔl cuɔk ye ŋuiɛn?
4) Yeŋa e ye kɔc luɔk thuëëc?
5) Yeŋa pel nom në kaam de läi jam akëkölic?
6) Yeŋö ca nhiaar akëkölic?
7) Yeŋö cï akun de jö bën piɔ̈ɔ̈c?
8) Yeŋö e cɔk wun de baai lɔ dhiɛɛcwei?
9) Yeŋö e yen mɛɛnh aŋau cool në guïk?
10) Yeŋö piöc akëköl wɔ?
11) Yeŋö ye rëëc de ba pïïrdu gɛi në raan dët?
12) Yeyï ŋa jam akëkölic?

29.1.3 Yeŋö ye luɛɛl de ke wël tɔu piinykë?

Akun de jö	"Mɛɛnh aŋau"
Beec	Nɔl
Biöök	Ŋuɛɛt
Daai	"Paan akïm"
"Dɛɛny nom"	Pïïr
Ɣööt	Pol
Guak	"Raan de baai"
Guik	Thuëëc
Guïk	Töök
Looi	Wëëi

30.0 Ajïnh ye dhiëth në tuɔŋ e däɣääp

Na ɣɔn ke raan amac ajïnh dhëŋ arëtic. Ajïnh dɛɛn në, aye tuɔŋ tök dhiëëth në kööltök. Na lɔ raan göör tïŋic në kööl thok ebën, keka yök ajïnhde ke cië tuɔŋ e däɣääp dëp dhiëëth. Tuɔŋ e däɣääp aye dëp e lëŋlëëŋ. Aye kɔc Meer nyïn të tïŋ yïn ye.

Raan nɔŋ ajïth acië toŋkɛɛn ke däɣääp bën ya lɛɛr të de ɣɔɔc bë ke lɔ ɣaac. Jiɛɛk de raan ajïth acië rɔt bën jɔɔk amääth agut bë ya raan cië jak arëtic. Në kaam koor ke raan ajïth akën piɔu bën miɛt ajïnhde guɔ̈p në wët yen tuɔŋtöŋ tiɛɛt dhiëëth në kööl tök. Acï raan nɔŋ ajïth bën tak ke tuɔŋ tök cï lëu bë ye dac cɔk jak. Akɔɔr raan nɔŋ ajïth bë ajïnhde toŋ juëc ya dhiëëth në kööl thök ebën ago dac kuɛth. E täŋë acië bën tɔ̈ në raan ajïth nom në nïn juëc. Raan ajïth aye toŋke lɔ ɣaac thuuk ku bɔ̈ ku jɔl wëu ke kueen baai.

Na ɣɔn cië raan wëu ke thöl në kuën në kööl tök, go täk bën në ye nom bë ajïth bë nɔ̈k ku bë toŋ rëëtbei në ye yic kedhia ku bë ke lɔ ɣaac thuuk ago dac jak. Raan acië ajïnh piethde bën nɔ̈k. Acië ajïth bën reetic në nantöŋtëi go ciën tuɔŋ töŋ lɔ rïr yök ajïthic. Yen acië bën ya thon ajïnh pieth dɛɛn ye dhiëth në däɣääp, e kënë.

Kë piööc akëköl: Jiɛɛk ace guut. Kɔc nɔŋ ka juëc ken aaye ŋot keke kɔɔr kɔ̈k agut bï kë ka juëc kɛɛn tɔ̈ mɔ̈ɔ̈r

30.1 Thëm de nom

30.1.1 Lɔc töŋ yeyic në yeka cië thïïc piinykë yiic:

1) Ye toŋ kedï e keke ye ajïth ke dhiëëth në kööl tök?

    a) Ajïth aye toŋ ke reu dhiëëth

    b) Ajïth aye toŋ ke diäk dhiëëth

    c) Ajïth aye toŋ juëc dhiëëth

    d) Ajïth aye tuɔŋ tök dhiëëth

2) E tuɔŋ e däɣääp ye kɔc looi yedï të tïŋë ye?

    a) Aye kɔc meer nyïn

    b) Aye kɔc riaar nyin

    c) Aye gëëk nyïnbei

    d) Aye kɔc cool nyïn

3) E raan nɔŋ ajïth tak bë ajïth nɔ̈k ke loi ŋö?

a) Atɛk ke ɣɔɔc toŋ

b) Atɛk ke dhuk baai të de ɣɔɔc

c) Atɛk ke kuen wëu ke

d) Atɛk ɣɔn cen wëu ke thöl në kuën

4) E raan nɔŋ ajïth ye toŋke looi yedï?

a) Aye toŋ ke thaal ku ciɛm ke

b) Aye toŋke tek ke mäthde

c) Aye toŋke lɔ ɣaac thuuk bë wëu juëc yök

d) Aye toŋke cɔk buur ajïnhde ago ajïnhde ke kuek

5) Ye toŋ kedï cï raan nɔŋ ajïth ke bën yök ajïthic ɣɔn cen ye nɔ̈k ku reetic?

a) Acïn tuɔŋ töŋ lɔ rïr cï raan bën yök ajïth yic

b) E tuɔŋ töŋ tiɛɛt yen acï raan bën yök ajïth yic

c) Aye toŋ ke reu keka cï raan ke bën yök ajïth yic

d) Aye toŋ ke diäk keka cï raan ke bën yök ajïth yic

6) E kɔɔr raan nɔŋ ajïth bë ajïnhde toŋ kedï ya dhiëëth në kööl tök?

a) Akɔɔr bë tuɔŋ tök ya dhiëëth në kööl tök

b) Akɔɔr bë toŋ ke reu ya dhiëëth në kööl tök

c) Akɔ̈ɔ̈r bë toŋ ke diäk ya dhiëëth në kööl tök

d) Akɔɔr bë toŋ juëc ya dhiëëth në kööl tök

7) E tuɔŋ e däɣääp ye dëp yedï?

a) Aye dëp e thiepthiep

b) Aye dëp e lëŋlëëŋ

c) Aye dëp e thiauthiau

d) Aye dëp e riaauriaau

8) Yeŋö e nëk e raan nɔŋ ajïth ajïnh piethde?

a) Anäk ajïnhde ago cuet

b) Anäk ajïnhde në wët cen piɔu riääk në ye guɔp

c) Anäk ajïnhde në wët cen jak arëtic

d) Anäk ajïth ku bë toŋ rëëtbei në ye yic kedhia ku bë ke lɔ ɣaac

30.1.2 Dhuk ye thiëc cië thïïc piinykë cië man tɔ̈ kek akëkölic:

1) Yeŋö piööc akëköl?

2) Yeŋö e yen në raan ajïth reetic në nantöŋtëi yɔn cen ye nɔ̈k?

3) E kuɛth de raan nɔŋ ajïth gɔl ye cök yedï?

4) Yeyi ŋa jiɛɛm akëkölke?

5) E raan nɔŋ ajïth ye göör tïŋic nɛn?

6) Cië ajïnh pieth ye dhiëth në tuɔŋ e däɣääp bën thou yedï?

7) Yeŋö ca nhiaar akëkölic?

8) Yeŋö e cen e raan nɔŋ ajïth piɔu ye miɛt ajïnhde guɔ̈p?

30.1.3 Yeŋö ye luɛɛl de ke wël tɔ̈ piinykë cië man tɔ̈ ke akëkölic?

Ajïth	Jak
Buur	Kueen
Göör	Kuɛth
Däɣääp	Meer
Dëp	Reetic
Dëp	Të de ɣɔɔc
Dhiëëth	Thuuk
E lëŋlëëŋ	Toŋ
ɣaac	Tuɔŋ

31.0 Col baai ku col roor

Na ɣɔn ke col roor acië col baai tuɔ̈c bë ye bën neem roor të ceŋ. Col baai aye wën de wëlën në dë col roor. Col baai acië cɔ̈t de Col roor bën gam ku le neem të ceŋ. Col baai acië piɔu bën lɔ riääk në wët de mïïth lik cië ke lɔ yök të ceŋ col roor. Aake ye ŋei lik ke anyol ku nyïn lik ke tiim keka ke yen në col roor ke pïïr. Pïïr de col roor arac arëtic në të e ye col baai tiëŋ e.

Acï col baai bën lëk col roor, "Mɛɛnh de wälën, yeke e mïïth ya kë ke cam roor e kakë! Acïn mïëth pieth ca tïŋ ya kë cam ba we ceŋ roor nhiaar! Aya gam pacɔ̈k ke ye dhiëi yen ye cam roor apieth në week! Yïn ca cɔɔl mɛɛnh de wälën ba ya neem baai të ciɛŋ. Yïn ba lɔ nyuɔ̈th mïïth juëc ye wɔ ke pïïr baai. Aaye mïïth pieth lääu të nɔŋ raan nëk cɔk bë cam në keek. Yïn ca cɔɔl ba lɔ cam aba kuɛth në ke mïïth pieth kë. Akaar bukku lɔ baai wɔ yï e man në." Col roor acië cɔ̈t de col baai bën gam. Acië bën gam bë lɔ baai bë ke mïïth kë lɔ tïŋ.

Col roor acië bën lööny kueer ke lɔ baai ke wën de wëlënë. Col baai ku col roor aacië bën cop baai. Col baai acië wën de wëlënë bën nyuɔ̈ɔ̈c ku ler bë mïïth lɔ bëi. Col baai acië mïïth juëc arët bën lɔ jöt të bï ke cam thïn. Col roor akën mïïth juëc cië ke tïŋ në ye nyin bën gam. Aake ce mïïth juëc cï col roor ke kan tïŋ keke kuɔ̈t nhïïm të tök. Mïith e ke cï col baai ke bëi aake nɔŋ yiic, akukuäth, aköp, nyuɔ̈m cië guɔ̈ɔ̈r, makuaŋa, nyïn ke tiim mit, atëtooŋ, miök, tɔŋpiiny cië ke geet, nyum cië ke geet, rëc cië tuak, rïŋ cië tuak ku mïïth juëc kɔ̈k. Mïith acï col baai ke bën tääu piny në ke nhïïm. Col roor acië piɔ̈u bën miɛt në wët de mïïth juëc tö në ke nhïïm. Col roor acië nyin bën dak në miëth bë kɔn cam.

Col baai ku col roor aacië bën nyuc bï kë cam në mïïth pieth cië ke guiir. Keke kën miëth guɔ tääu në ke thook, ke aŋau acië bën tuöl e jäc të cï ke nyuc thïn. Cuɔl aacië bën kɛtwei në nantöŋtëi bï kë lɔ thiaan ago aŋau ke cuök cam. Aacië bën lɔ thiaan në tul lɔ gokgok yic agut bë aŋau jäl. Në kaam thiin koor, ke piny acië bën lɔ dïu. Kaman kën në cɔɔl acië rɔt bën wuɔɔc të dët bë lɔ kör në kë dɛɛn bë lɔ kuany thok ben pïu dek.

Cuɔl aacië bën bën bei në tulic ku bö ku gɔl kë cäm në mïïth juëc kɛɛn cï kë ke guiir. Ke cäm kën guɔ liɛk në cuɔl thook, ke Kaman dët kën në cɔɔl acië bën yööt të ciëm ke thïn. Cuɔl ke reu aacië bën bɛɛr kɛtwei në kaam cït anieu de nyin bï kë lɔ thiaan. Col roor acië bën riööc arët në pïïr nɔŋ alajieth yïn ya.

Cuɔl aacië bën bɛɛr bën bei në thiaanic wën cen në Kaman de reu jäl. Aacië cäm bën dhuök piny. Na ye kaam thiin nyɔɔt, ke raan de baai bö të ciëm ke thïn ku bö ku këëc. Cuɔl aacië bën bɛɛr kat bï kë lɔ thiaan. Col roor acië nom bën köös në pïïr ril baai lɔ jiethjieth.

Na wën cië raan de baai jäl, ke cuɔl aacië bën bën bei në thiaanic. Akën në Col roor bën bɛɛr gam bë dhuk në cämic. Acï col roor bën lëk col baai, "Yïn ca töɔ̈ŋ mäth. Wɔ bë bɛɛr yök në kööl dët. Aca gam në yic, ke yï cëŋ të nɔŋ ka juëc arët ku cïn yiic döɔ̈r. Ɣɛn lɔ baai të yan kuïn thiin dï cam në döɔ̈r ke cïn adiɛɛr ku riöɔ̈c.

Kë piööc akëköl: pïïr thiin duöɔ̈n nɔŋic döɔ̈r awär pïïr de jiɛɛk nɔŋic riöɔ̈c kuka juëc näk kɔc. Të rɛɛc duöɔ̈n ceŋ ayïn yï yic gooŋ në döɔ̈r.

31.1 Thëm de nom

31.1.1 Lɔc töŋ ye yic në ye ka cië thïïc piinykë yiic:

1) Yeŋö cï col roor bën looi ɣɔn cï ke bën bei në thiaan de diäkic?

    a) Acië col baai bën töɔ̈ŋ ku dhuk të ceŋ

    b) Acië bën cam ku tëëc bë nin

    c) Acië col baai bën ɣöɔ̈k bï kë röth ɣooc

    d) Acïn kë ye yic

2) Yeŋa cië cuɔl bën cɔk lɔ thiaan në thiaan de diäk?

    a) E aŋau

    b) E Kaman kënë cɔɔl

    c) E raan de baai

d) Cuɔl aake kën lɔ thiaan në thiaan de diäk

3) Yeŋö cï col baai bën luɔ̈i col roor yɔn cï ke cop baai?

    a) Acië col roor bën nyuɔ̈ɔ̈c

    b) Acië bën lɔ bë mïïth lɔ bëi

    c) A & B aaye yith

    d) Acïn kë ye yic në ye ka tö nhialkë

4) Yeŋö e cɔk col roor mit piɔ̈u yɔn cen në col baai mïïth jöt?

    a) E wët e cen cop baai

    b) E wët e cen në ye nyuɔ̈ɔ̈c të pieth

    c) E wët e mïïth juëc cië ke tïŋ

    d) Col roor akën piɔ̈u miɛt

5) Yeŋa cië kɔn bën bën yɔn kɔɔr e cuɔl bï kë mïïth ken gɔl në cäm?

    a) E jö yen acië bën bën të ciëm kek

    b) E aŋau yen yen acië bën bën të ciëm kek

    c) E raan de baai yen acië bën bën të ciëm kek

    d) E ŋau ku jö keka cië bën bën të ciëm kek

6) Ye tul yïn dï e cen në cuɔl thiaan thïn?

    a) E tul lääu yic

    b) E tul kooric

    c) E tul lɔ yic gokgok

d) E tul dït yic

7) Yeŋö cï baai col baai ku col roor bën looi yɔn cen e raan ater den bën?

    a) Aacië bën kɛt roor

    b) Acië bën lɔ thiaan në tulic

    c) Aacië bën thöör në raan ater

    d) Aacië raan ater bën cɔɔl bë cam keke

8) Cië cuɔl bën bën bei në thiaanic nɛn?

    a) Cuɔl aakën bën bën bei në thiaanic

    b) Cuɔl aacië bën bei yɔn cen e raan ater jäl

    c) Cuɔl aacï raan ater ke bën cuöp bei në thiaanic

    d) Acïn kë ye yic në ye ka tö nhial kë

9) Yen rin kök ke col cɔɔl yadï?

    a) Aye cɔl lok

    b) Aye cɔl rïëc

    c) A & B aaye yith

    d) Acïn kë ye yic në ye ka tö nhialkë

10)   Yeŋa cië riööc arët akëkölic?

    a) E col baai

    b) E col roor

    c) Aake riööc kedhia

    d) Aake kën riööc kedhia

11) E cuɔl jam akëkölic kaar yedï?

    a) Aye ŋëk ke wëlën në

    b) Aye ŋɛk ke nëër ë

    c) Aye ŋɛk ke wëlën ë

    d) Aye ŋɛk ke mɛɛnhde

12) Ye të e ceŋ ŋa akëkölic yen e nɔŋic mïïth juëc

    a) E të e ceŋ col roor

    b) E të e ceŋ col baai

    c) Ɣän e ke ceŋ këke, ake nɔŋiic mïïth juëc kedhia

    d) Ɣän e ke ceŋ cuɔl aake cïn yiic mïïth juëc

13) Ye të ceŋ ŋa akëkölic yen nɔŋic mïïth lik ku döör akëkölic?

    a) E të ceŋ col roor

    b) E të ceŋ col baai

    c) E të ceŋ col baai ku col roor

    d) Acïn kë ye yic në ye ka tɔ̈ nhial kë

14) Yeŋa e kɔn ŋɛk cɔɔl në kaam de col baai ku col roor?

    a) E col baai yen akɔn col roor caal të ceŋ

    b) E col roor yen akɔn col baai caal të ceŋ

    c) Aake cɔl röth në thaa tök

d) Aake kën röth cɔɔl

15) Yeŋa e cï col baai lueel yeye cam apieth roor?

    a) E dhiëi

    b) E mɔrmɔɔr

    c) E anyiëjiŋ

    d) E acuuk

31.1.2 Dhuk e thiëc cië thïïc piinykë nhïïm:

1) Cië col roor nyin bën yiëndï yɔn cen mïïth juëc tïŋ?

2) E cuɔl cië thiaan të nou?

3) Ye mïth kou cï col baai ke bën lɔ jöt?

4) Ye pïïr de ŋa rac akëkölic?

5) Yeŋa e cɔk cuɔl lɔ thiaan në thiaan de reu?

6) Yeŋö e cɔk col roor gam e, bë lɔ baai?

7) Yeŋö nhiëër e col baai të ceŋ?

8) Yeŋö nhiëër e col roor të ceŋ?

9) Yeŋö piööc akëköl?

10) Yeyï ŋa ŋäär akëköl?

11) Yeŋö ca nhiaar akëkölic?

31.1.3 Yeŋö ye luɛɛl de ke wël tɔ̈ piinykë cië tɔ̈ ke akëkölic?

Akukuäth	Miëth
Alajieth	Mïïth
Anyol	Neem
Atëtooŋ	Nhiaar
Col	Nyuɔ̈ɔ̈c
Col baai	Nyuɔ̈m cië guɔ̈ɔ̈r
Col roor	Nyum cië ke geet
Cuɔl	Ɖei
Dɔ̈ɔ̈r	Pïïr
Dhiëi	Rëc cië tuak
Kaman kënë cɔɔl	Rïŋ cië tuak
Kuɛth	Tɔ̈ɔ̈ŋ
Lääu	Tɔŋpiiny cië ke geet
Lööny kueer	Thiaan
Makuaŋa	Tuɔ̈c
Mäth	Tuɔ̈l

32.0 Kɔrɔɔt dhiëër e nyop!

Na ɣɔn ke dhiëër ku akɔ̈ɔ̈n aake määth. Na ɣɔn në kööl tök, ke akɔ̈ɔ̈n acië dhiëër bën cɔɔl bë ye lɔ neem paan de. Paan akɔ̈ɔ̈n atɔ̈ arämwëër. Akɔ̈ɔ̈n acië dhiëër bën yɔ̈ɔ̈k bë cath ke paan de ku mëëth ke.

Akɔ̈ɔ̈n acië kööl de dhïc bën ruk ke yen ben e dhiëër ye lɔ nem paan de. Akɔ̈ɔ̈n acië bën lɔ ku yöök tiŋde bë rɔt guiir apieth ago kë kamaan ken loor pieth. Tiŋ akɔ̈ɔ̈n acië rɔt bën guiir ku jɔl kööl ben në kamaan ken bën tiit.

Dhiëër acië bën cop paan akɔ̈ɔ̈n në kööl de dhïc. Dhiëër acath ke kɔc juëc arët. Akɔ̈ɔ̈n acië kamaan ken bën nyuɔ̈ɔ̈c luaak ku ɣööt. Kamaan kɔ̈k acië bën nyuc në tim thar bë ke piɔɔr.

Tiŋ akɔ̈ɔ̈n acië kamaan bën mɔ̈ɔ̈th ku le bë mïïth ke kamaan lɔ guiir. Tiŋ akɔ̈ɔ̈n acië mïïth juëc bën thaal. Acï tiŋ akɔ̈ɔ̈n bën dak ke cïn këde tuëët tɔ̈. Tiŋ akɔ̈ɔ̈n acië lɔ të nɔŋ monyde man cïn kë de tuëët tɔ̈.

Acï akɔ̈ɔ̈n bën lëk tiŋde, "Duɔ̈n në diɛɛr. Ɣɛn bë këde tuëët bëi. Na ca thiɔ̈k ke yï kɔɔr ba thök në thät, ke yï cɔl ɣa, ba yï lɔ yiën kë bïn mïïth ke kamaan tuëët."

Tiŋ akɔ̈ɔ̈n acië piɔ̈u bën miɛt në wët cië piŋ të nɔŋ monyde ku le bii bë lɔ thät. Tiŋ akɔ̈ɔ̈n acië monyde bën cɔɔl bë kë ben mïïth ŋɔɔc bëi.

Akɔ̈ɔ̈n acië tiŋ de bën yöök bë thac cäp thar mɛɛc. Acië tik bën yöök, "Na cië thac tuɔ̈c alë ke yï cɔl ɣa." Tiŋ akɔ̈ɔ̈n acië thac bën cäp thar mɛɛc. Thac acië mac bën dɔm abë ya thiir. Tiŋ akɔ̈ɔ̈n acië monyde bën cɔɔl wën cen në thac tuɔ̈c arët.

bën leec në göŋ pieth cen kamaan gɔɔŋ. Tiŋ akɔ̈ɔ̈n acië monyde bën leec aya në luɔɔi pieth cië looi. Acië bën lëk monyde, "Na në ce yïïn, e dë cïn të cï wuɔ këde tuëët yök thïn."

Dhiëër acië nïn ke diäk bën looi, ku cɔɔl akɔ̈ɔ̈n bë ye neem paan de. Dhiëër acië akɔ̈ɔ̈n bën yɔ̈ɔ̈k bë ye lɔ neem në kööl de dhïc ke paande ku mëëthke kedhia. Atɔ̈ në dhiëër piɔu bë göŋ ɣɔn cen akɔ̈ɔ̈n ye gɔɔŋ thɔ̈ɔ̈ŋ nom.

Akɔ̈ɔ̈n acië bën cop paan de dhiëër në kööl de dhïc ke paande ku mëëthke. Dhiëër acië kamaan ke bën nyuɔ̈ɔ̈c luaak ku nyuuc kɔ̈k ɣööt. Acië kamaan kɔ̈k bën nyuɔ̈ɔ̈c në tim thar bë ke piɔɔr. Tiŋde dhiëër acië kamaan bën mɔ̈ɔ̈th ku le bii bë mïïth ke kamaan lɔ thaal. Dhiëër acië bën rëër ke kamaan ke.

Tiŋ de dhiëër acië monyde bën cɔɔl wën cen në mïïth thiɔ̈k bï kë thök në thät. Acië bën lëk monyde ye cïn kë tuëët e mïïth ke kamaan.

Dhiëër acië tiŋde bën yɔ̈ɔ̈k bë thac lɔ cäp thar mɛɛc ku cɔk dëp abë ya lual. Acië tiŋde bën yɔ̈ɔ̈k bë ye cɔɔl të cen në thac tuɔ̈c arët. Tiŋde dhiëër acië bën gäi arët në kë kɔɔr bï monyde looi në thany cië cäp thar mɛɛc abac ke cïn kë tɔ̈ thïn.

bën leec në gɔ̈ŋ pieth cen kamaan gɔɔŋ. Tiŋ akɔ̈ɔ̈n acië monyde bën leec aya në luɔɔi pieth cië looi. Acië bën lëk monyde, "Na në ce yïïn, e dë cïn të cï wuɔ këde tuëët yök thïn."

Dhiëër acië nïn ke diäk bën looi, ku cɔɔl akɔ̈ɔ̈n bë ye neem paan de. Dhiëër acië akɔ̈ɔ̈n bën yɔ̈ɔ̈k bë ye lɔ neem në kööl de dhïc ke paande ku mëëthke kedhia. Atɔ̈ në dhiëër piɔu bë gɔ̈ŋ γɔn cen akɔ̈ɔ̈n ye gɔɔŋ thɔ̈ɔ̈ŋ nom.

Akɔ̈ɔ̈n acië bën cop paan de dhiëër në kööl de dhïc ke paande ku mëëthke. Dhiëër acië kamaan ke bën nyuɔ̈ɔ̈c luaak ku nyuuc kɔ̈k γööt. Acië kamaan kɔ̈k bën nyuɔ̈ɔ̈c në tim thar bë ke piɔɔr. Tiŋde dhiëër acië kamaan bën mɔ̈ɔ̈th ku le bii bë mïïth ke kamaan lɔ thaal. Dhiëër acië bën rëër ke kamaan ke.

Tiŋ de dhiëër acië monyde bën cɔɔl wën cen në mïïth thiɔ̈k bï kë thök në thät. Acië bën lëk monyde ye cïn kë tuëët e mïïth ke kamaan.

Dhiëër acië tiŋde bën yɔ̈ɔ̈k bë thac lɔ cäp thar mɛɛc ku cɔk dëp abë ya lual. Acië tiŋde bën yɔ̈ɔ̈k bë ye cɔɔl të cen në thac tuɔ̈c arët. Tiŋde dhiëër acië bën gäi arët në kë kɔɔr bï monyde looi në thany cië cäp thar mɛɛc abac ke cïn kë tɔ̈ thïn.

Tik acië bën dhuk bii ke dak piɔu ku lɔ ku ciëp thac thar mɛɛc. Tik acië thac bën tuɔk thar mac dït arët. Thac acië mac bën dɔm abë ɣät e ɣät. Tik acië bën kɛt të nɔŋ monyde bë lɔ lëk ye, man cië thac tuɔc. Dhiëër acië kamaan bën tɔ̈ɔ̈ŋ ku le bë kë köör e tiŋde ye lɔ piŋ.

Akɔ̈ɔ̈n adaai ke cië diɛɛr në kë kɔɔr bï paan de mäth de looi. Akɔ̈ɔ̈n acië bën biɛt ke cïn kë lëk paan de mäthde në wët yen Kaman. Acï akɔ̈ɔ̈n bën lueel në ye piɔu, "Raan ace jɔ̈ɔ̈ny ke lɔ."

Dhiëër acië bën cop ku cook ye diɛɛr në thac yic lueel ye kɔɔr bë miök ben kamaan ke gɔɔŋ lëëŋ në ye diɛɛr. Dhiëër acï mac bën dɔm e löp abë kɔ̈ɔ̈c në thac ciɛlic. Tiŋde dhiëër acië bën dhiaau arët, "Kɔrɔɔt dhiëër e nyop!"

Akɔ̈ɔ̈n acië bën lɔ ke riŋ bë kë ye tiŋde dhiëër dhiëu lɔ tïŋ. Aŋic akɔ̈ɔ̈n në ye piɔu wën thɛɛr ke nɔŋ kë rɛɛc bë rɔt dhiɛl looi në ye kööl ë, paan de mäthde. Akɔ̈ɔ̈n acië dhiëër bën yök ke dëp në thac yic. Acië dhiëër bën jɔt bei mɛɛc, ku jool në pïu yiic. Dhiëër acië diir bën nyop. E Jool ɣɔn cen akɔ̈ɔ̈n dhiëër juɔɔl në pïu yiic, yen ayen në dhiëër pïïr të thiääk ke pïu në ye kööl ë. Dhiëër acï akɔ̈ɔ̈n bën jat ɣöt bë lɔ töök thïn.

Akɔ̈ɔ̈n acië ye diɛɛr bën tääu në thac yic bë miök ben në paan de mäthde kamaan ken gɔɔŋ lëëŋ. Akɔ̈ɔ̈n acië miöŋ dït bën lëëŋ në thac yic. Akɔ̈ɔ̈n acië bën dhuk bë nyuc, wen cen miök lëëŋ.

Tiŋ de dhiëër acië mïïth ke kamaan bën tuup në miök ku jöt ke keek. Kamaan aacië bën cam aabï kë kuɛth kedhia. Aakën në kamaan bën dak man ye akɔ̈ɔ̈n yen cië ye diɛɛr bën lɔ lëëŋ në miök, ben në paan de mäthde ke tuëët.

Akɔ̈ɔ̈n acië tiŋde dhiëër bën tɔ̈ɔ̈ŋ ku leec në gɔ̈ŋ pieth cï keke gɔɔŋ. Tiŋde dhiëër acië kamaan ken bën ruac në baai thok. Kɔc cath akɔ̈ɔ̈n acië nïïm bën riɛɛr në të cen në dhiëër lɔ cät thïn. Tiŋde dhiëër acië bën dhuk baai bë monyde lɔ beec (töök).

Kë piööc akëköl: Du kë dë loi, në wët cen në raan ŋic ka mäth ye looi. Ɖic të peek e kë lëu në luɔi thok.

32.1 Thëm de nom

32.1.1 Lɔc töŋ ye yic në ye ka cië thïïc piinykë yiic:

1) Yeyï ŋa määth akëkölic?

        a) E luaŋ ku akɔ̈ɔ̈n

        b) E ciëc ku akɔ̈ɔ̈n

c) E dhiëër ku aköön

d) E apiɛɛn ku aköön

2) Ye kööl no cï dhiëër ku aköön bën ruk akëkölic?

    a) E kööl de dhïc

    b) E kööl de dhetem

    c) E kööl de dhorou

    d) E kööl de ŋuan

3) E paan aköön tö të no?

    a) Atö arämwëër

    b) Atö në kiir nom

    c) Atö roor

    d) Atö tooc

4) Yeŋa thät akëkölic?

    a) E tiŋ aköön

    b) E tiŋ de dhiëër

    c) E dhiëër

    d) E aköön

    e) A B aaye yith

5) Yeŋö cï tiŋ aköön bën yök ke liu yɔn cen mïïth guiir?

    a) E rïŋ

    b) E miök

    c) E kë de tuëët

d) E pïu

6) Cië mïïth ke kamaan bën tuëët në ŋö paan akɔ̈ɔ̈n?

    a) Acië ke bën tuëët në miöŋ akɔ̈ɔ̈n diɛɛr

    b) Acië ke bën tuëët në miöŋ de weŋ

    c) Acië ke bën tuëët në miöŋ de dhiëër diɛɛr

    d) Aacïn kë cen në ke bën tuëët

7) Ye kɔc kedï e ke cath në dhiëër?

    a) Aaye kɔc lik

    b) Aaye kɔc juëc

    c) Aaye kɔc ke thiër rou

    d) Aaye kɔc ke thiër diäk

8) Yeŋa e daai në kë looi akɔ̈ɔ̈n ke tiŋde akëkölic?

    a) E dhiëër yen adaai ke cië gäi

    b) E tiŋ de dhiëër yen adaai

    c) E kamaan kedhia keka ke daai

    d) Acïn raan e daai

9) Ye tän ŋö e cï akɔ̈ɔ̈n tääu në thacic?

    a) E ye diɛɛr

    b) E ye cök

    c) E ye ɣäm

    d) E ye cin

10) Ye nïn kedï cï dhiëër ke bën lɔ looi ku cɔɔl akɔ̈ɔ̈n paan de?

    a) E kööl tök

    b) E nïn ke reu

    c) E nïn ke diäk

    d) E nïn ke ŋuan

11) Yeŋö kööl no cï dhiëër bën ruk ben akɔ̈ɔ̈n lɔ paan de?

    a) E kööl de diäk

    b) E kööl de ŋuan

    c) E kööl de dhïc

    d) E kööl de dhetem

12) Yeŋö cï tiŋ akɔ̈ɔ̈n bën looi yɔn cen në kamaan jäl?

    a) Acië monyde bën leec

    b) Acië monyde bën gɔ̈k

    c) Acië bën läät

    d) Acië bën jɔ̈t cäm bë cam

13) Yeŋa cië dhiëër bën bëëi bei në thacic?

    a) Dhiëër acië bën yöötbei ye tök

    b) E akɔ̈ɔ̈n yen acië dhiëër bën bëëi bei mɛɛc

    c) E tiŋde dhiëër yen acië ye bën jɔ̈t bei mɛɛc

    d) E kamaan keka cië dhiëër bën jɔ̈t bei mɛɛc

14) Cië mïïth ke kamaan bën tuëët në ŋö paan de dhiëër?

    a) Aacië ke bën tuëët në miöŋ de dhiëër diɛɛr

    b) Aacië ke bën tuëët në miöŋ akɔ̈ɔ̈n diɛɛr

    c) Aacië ke bën tuup miöŋ de weŋ

    d) Aacië ke bën tuëët në miöŋ de dhiëër ku akɔ̈ɔ̈n dïïr

15) Yeŋa cië kiɛɛu yɔɔth/kiit akëkölic bë dhiëër kony?

    a) E tiŋ akɔ̈ɔ̈n

    b) E tiŋ de dhiëër

    c) E dhiëër

    d) E akɔ̈ɔ̈n

16) E ye dhiëër thɔ̈ɔ̈ŋ në ye piɔ̈u yedi ɣɔn dɛɛi yen në kë looi paan de mäth de?

    a) Aye thɔ̈ɔ̈ŋ ke wëër akɔ̈ɔ̈n në ka juëc

    b) Aye thɔ̈ɔ̈ŋ ke cïn kë wëër akɔ̈ɔ̈n ye

    c) Aye thɔ̈ɔ̈ŋ ke wär akɔ̈ɔ̈n në ka lik

    d) Aye thɔ̈ɔ̈ŋ ke wär akɔ̈ɔ̈n në ka juëc

32.1.2 Dhuk e thiëc cië thïïc piinykë nhïïm:

1) Akɔ̈ɔ̈n cië kamaan ke nyuɔ̈ɔ̈c të no?

2) Cië dhiëër bën yiën dï ɣɔn cen ye diɛɛr tääu në thacic?

3) E dhiëër cië jööl ke nyuööc në ŋö yic?

4) E ŋic aköön yedï man nɔŋ kë rɛɛc bë rɔt looi paan de mäth de?

5) Yeŋa cï aköön bën lueel ye bë cath ke dhiëër?

6) Yeŋa cop kë looi ŋek nom akëkölic?

7) Yeŋö cï dhiëër bën lëk aköön ɣɔn cï ke thök në cäm?

8) Yeŋö cï dhiëër bën luɔ̈i mathde ɣɔn cï ke cam aabï kë kuɛth kedhia?

9) Yeŋö cï tiŋ aköön bën looi ɣɔn cen në kamaan cop baai?

10) Yeŋö cï tiŋ aköön bën looi në miök?

11) Yeŋö e yen aköön ye diɛɛr tääu në thacic?

12) Yeŋö e yen në thac kɔn cäp thar mɛɛc?

13) Yeŋö piööc akëköl?

14) Yeyï ŋäär akëköl?

15) Yeŋö ye luɔɔi de moc akëkölic

16) Yeŋö ye luɔɔi de tik akëkölic?

32.1.3 Yeŋö ye luɛɛl de ke wël tö piinykë cië man tö kek akëkölic?

Aköön	Mac
Akëköl	Mööth

Arämwëër	Mïëth
Beec	Mïïth
Dhiëër	Moc
Diɛɛr	Monyde
Gɔɔŋ	Neem
Ɣööt	Nyop
Ɣöt	Nyuɔ̈ɔ̈c
Jɔ̈ɔ̈l	Nyuuc
Jool	Tɔ̈ɔ̈ŋ
Kamaan	Thaal
Kööl	Thac
Kööl de dhïc	Thɔ̈ɔ̈ŋ
Kuɛth	Tik
Lëëŋ	Tiŋde
Looi	Töök
Luaak	Tuëët
Luak	Tuup
Mäth	Yɔ̈ɔ̈k
Mɛɛc	Yöök

33.0 Akɔ̈ɔ̈n ku dhiëër

Na ɣɔn ke dhiëër acië akɔ̈ɔ̈n tïŋ ke tem kubur go thïïc bï akɔ̈ɔ̈n tëm kubur.

Acï dhiëër bën lueel, "Looi yedï mäth.

Cï pieth ba nyuc në yï köu ku ba yï kööl nyin ke yï tem kubur köu?"

Akɔ̈ɔ̈n acïn kë cië bën bëër. Acië bën biɛt ku lɔ ke cath.

Dhiëër acië bën nyuc akɔ̈ɔ̈n kɔ̈u. Acië rɔt bën yök ke cië yic thiɛk të cen akɔ̈ɔ̈n lëu nom bï kë cath në tök. Wën teem kek kubur ke dhiëër acië yic bën tëm, tïŋ rɔt wänmääth, wɔ thiek arët wɔ reu, them arët ba cath apieth ago ku kubur cuɔ̈k dhoŋ!"

Akɔ̈ɔ̈n acië bën mim ke cïn kë lueel. Acië bën lɔ ke cath.

Wën cï ke kubur teem, go dhiëër lueel,
"Tïŋ nyuuth pieth can yï nyuɔ̈ɔ̈th ba kubur teem apieth mäth akɔ̈ɔ̈n malɔu!
Yïn ca caath apieth"

Acïn kë cï akɔ̈ɔ̈n bën dhuɔ̈k nom dhiëër. Acië bën biɛt ku ciɛth ke lɔ tueŋ.

Në thökic, ke dhiëër acië bën yööt bei akɔ̈ɔ̈n kɔ̈u ku ler akɔ̈ɔ̈n yïc ku lëk ke, "Athör diëën de luɔi kïn. Na kɔr kuɔɔny në nïn bɔ̈ tueŋ, ke yï cɔl ɣa në telepun dië ba yï kony."

Acï akɔ̈ɔ̈n bën diɛm yic, ke cië ke nɔŋ raan luɔŋ në ye yïc kuka kën bën gam man ye yic.

Acï akɔ̈ɔ̈n bën thɔ̈ɔ̈ŋ ke ye nyuɔth akɔ̈l ciɛlic ku lɔ ke cath.

Kë tueŋ piööc akëköl: Yïn ke akɔ̈ɔ̈n man nɔŋ nhiaam dït ku pïïr du atɔ̈ në yï cin. Na në yï cak ŋö looi, ke kɔc thöŋ në dhiëër, aabë yï ya kal nyin në luɔ̈ɔ̈t, aabë kë loi ebën ya rɛɛc ku git kë yï cök ku bui kë yï guɔ̈p. Akɔɔr ba ŋic apieth ke yïn ye bäny de pïïr du kuka cïn raan dët tɔ̈ e miɛt duɔ̈ɔ̈n de piɔ̈u, në ye cin. Ye kɔc yïn ya yɔ̈ɔ̈ŋ, ye giët ye ke kë loi ebën, giit cök yɔ̈ɔ̈ŋ ku lɔ tueŋ we pïïr du.

Kë de reu piööc akëköl: Akɔ̈ɔ̈n e nyooth e të yen në pïïr pieth da ciɛɛth thïn. Dhiëër e nyooth e të yen në kook de piɔ̈ɔ̈th kuɔ kuɔ̈tic, pïïr da nhiaac thïn. Kook de piɔ̈ɔ̈th kuɔ e rɔt gëër në pïïr da nom cië man de dhiëër. Anɔŋ pïïr kuɔ̈m tɔ̈ të dïït lääu në kook de piɔ̈ɔ̈th kuɔ nom tueŋ. Ye nyin tïït në luɔ̈ɔ̈t, cɔk rɔt ye akɔ̈ɔ̈n!

33.1 Thëm de nom
33.1.1 Lɔc töŋ ye yic në ye ka cië thïïc piinykë yiic:
1) Yeŋa e jam ke dhiëër akëkölic?
      a) Dhiëër amat aburo ke akɔ̈ɔ̈n
      b) Akɔ̈ɔ̈n aleŋ ke dhiëër
      c) Dhiëër ajam ye tök

d) Akɔ̈ɔ̈n alëŋ ye tök

2) Yeŋa e tem kubur në kaam de dhiëër ku akɔ̈ɔ̈n?

    a) E dhiëër yen atem kubur

    b) E akɔ̈ɔ̈n yen atem kubur

    c) E Akɔ̈ɔ̈n ku dhiëër keka tem kubur në tök

    d) Acïn raan de kek e cië kubur teem

3) Yeŋa cië rɔt lɛɛc akëkölic?

    a) E akɔ̈ɔ̈n yen acië rɔt lɛɛc

    b) E dhiëër yen acië rɔt lɛɛc

    c) E dhiëër ku akɔ̈ɔ̈n keka cië röth lɛɛc

    d) Acïn raan cië rɔt lɛɛc akëkölic

4) Yeŋö cï dhiëër bën lëk akɔ̈ɔ̈n ago kë kubur cuɔk dhoŋ?

    a) Acië bën lëk akɔ̈ɔ̈n bï kë cath apieth

    b) Acië bën lëk akɔ̈ɔ̈n ye thiek kë

    c) Acië bën lëk akɔ̈ɔ̈n bë cath ke tïŋ piny apieth

    d) A & B aye yith

5) Yeŋö cï akɔ̈ɔ̈n bën lueel yɔn cen në dhiëër ye thïïc bï kë dhöl rɔm?

    a) Akɔ̈ɔ̈n acië bën mim ku lɔ ke cath

    b) Akɔ̈ɔ̈n acië ye thok bën biit, ku lɔ ke cath

    c) Acïn kë cï akɔ̈ɔ̈n bën lueel

    d) Keka tɔ̈ nhialkë aaye yith kedhia

6) Yeŋö e cï dhiëër thiëc akɔ̈ɔ̈n?

    a) Acië akɔ̈ɔ̈n thïïc bë nyuc në ye kɔ̈u

    b) Acië akɔ̈ɔ̈n thïïc bë cath ke ye

    c) Acië akɔ̈ɔ̈n thïïc bë nyuc në ye yeth

    d) Acië akɔ̈ɔ̈n thïïc bë nyuc në ye nom

7) Yeŋö cï dhiëër bën looi yɔn cï kek kubur teem?

    a) Dhiëër acië bën yöötbei akɔ̈ɔ̈n kɔ̈u

b) Dhiëër acië bën lɔ akɔ̈ɔ̈n yïc ku lëk kë bë looi në nïn bɔ tueŋ

c) Dhiëëu akën bën yɔɔt piny akɔ̈ɔ̈n kɔ̈u

d) A & B aaye yith

8) Yeŋa e cɔk akɔ̈ɔ̈n tem kubur apieth?

    a) E dhiëër yen anyuuth akɔ̈ɔ̈n bë kubur teem

    b) E akɔ̈ɔ̈n yen atem kubur ye tök

    c) E dhiëër yen acɔk akɔ̈ɔ̈n cath apieth ago kë kubur cuɔ̈k dhoŋ

    d) E dhiëër yen aciɛɛth akɔ̈ɔ̈n

9) Yeŋa pel nom akëkölic në kaam de dhiëër ku akɔ̈ɔ̈n?

    a) E dhiëër yen apel nom akëkölic

    b) E akɔ̈ɔ̈n yen apel nom akëkölic

    c) Apel nhïïim kedhia

    d) Acïn raan de kek cië nyuɔɔth ke pel akëkölic

10)   E dhiëër tïŋ akɔ̈ɔ̈n ke akɔ̈ɔ̈n loi ŋö?

    a) Atïŋ akɔ̈ɔ̈n ke tem wëër

    b) Atïŋ akɔ̈ɔ̈n ke tem kiir

    c) Atïŋ akɔ̈ɔ̈n ke tem kubur

    d) Atïŋ akɔ̈ɔ̈n ke nyuäth

33.1.2 Dhuk ye thiëc cië thïïc piinykë nhïïm

1) Yeŋö e yen në akɔ̈ɔ̈n jam de dhiëër në ye yïc kiëët ke nyuɔ̈th akɔ̈l ciɛlic?

2) Yeŋö e cen e akɔ̈ɔ̈n dhiëër ye bëër abë akëköl thök?

3) Ye ka ŋö piööc akëköl?

4) Yeyï ŋa jiɛɛm akëköl ke?

5) E ŋic akɔ̈ɔ̈n man cath dhiëër ke ye?

6) Yeŋö e kɔɔr dhiëër bë yiën akɔ̈ɔ̈n ɣɔn cï ke kubur teem?

7) Cië dhiëër rɔt bën yök yedï ɣɔn cen nyuc akɔ̈ɔ̈n köu?

8) Yeŋa thiek akëkölic?

9) Cï akɔ̈ɔ̈n bën thɔ̈ɔ̈ŋ yedï ɣɔn loŋ e dhiëër në ye yïc?

10)   Yeŋö ye luɛɛl akɔ̈ɔ̈n akëkölic?

11)   Yeŋö ye luɛɛl de dhiëër akëkölic?

33.1.3 Yeŋö ye luɛɛl de ke wël tɔ̈ piinykë cië man tɔ̈ ke akëkölic?

Akɔ̈ɔ̈n	Mim
Biɛt	Nhiaam
Dhiëër	Nyuɔ̈ɔ̈th
Kook	Nyuuth
Kööl nyin	Pïïr
Kubur	Yɔ̈ɔ̈ŋ

34.0 Maguar cië dhiɔp ku boŋbaar

Na ɣɔn roor ke cuɔɔr ku boŋbaar aake kuany biönh de maguɛɛr yic. Aacië maguar cië dhiɔp ku cië köc bën yök ke kuany biöth yic. Acï boŋbaar ku cuɔɔr bën tak bï kë ye maguar ë biɔɔth cök agut cië kööl ben wïïk. Boŋbaar aye maguar biɔɔth cök piiny. Cuɔɔr aye lɔ ku nyuuc në rel/tim nom ku dɛɛi e maguar. Cuɔɔr ku boŋbaar aacië bën tem në raan ben në këde ya yic. Aaye kë thɔ̈ɔ̈ŋ në ke piɔ̈ɔ̈th ke maguar cië thiɔ̈k ke bë thou.

Acï boŋbaar bën lueel, "E maguar ë, abë thou në ye köölë"
Acï cuɔɔr bën lueel, "E maguar ë, abë thou miäk"
Wët acï boŋbaar bën thöl, lueel, "E kë thöök yen ebën cuɔɔr malɔ̈u, na thou në ye köölë ka miäk, ke wɔ bë naŋ miëth bukku cam në pɛɛi."

Maguar cië dhiɔp acië bën lɔ ke döŋ ciëën. Acï dun de maguar bën dëëny arët. Acië bën döŋ ciëën të mec. Magueɛr aacië bën cath amääth ago kë maguar cië dhiɔp cuɔ̈k nyëëŋwei. Maguar cië dhiɔp acï nyan de nyaande bën wɛɛi, "Muk yï piɔ̈u kɔkɔɔk/maadït. Wɔ cië thiɔ̈k në wëër. Acï maguar cië dhiɔp bën dhuk, "Yɛn cï wëër bë dööt/cooth mɛnhde nyaandië. " Pol nhiɛɛny de boŋbaar acië ya gɔ̈ɔ̈l piny. Aya yök e të thiɔ̈k kë."

Ke cuɔɔr tït të thiɔ̈k amääth, keka cï boŋbaar bën lëk cuɔɔr, "Maguar cië dhiɔp ajam në rin kï." Dit acië boŋbaar bën thïïc, "Yeŋö lueel amadië? Lec amadië yï nom? Acï boŋbaar bën dhuk ke dal amääth, "Yo! E yic pacɔ̈k mäth, aca tiiŋ. Alec ya nom."

Maguar acië ye nom bën guɔ̈t piny ke cië ye piɔ̈u pɔ̈l. Maguar acië piny bën caath në ye nyin ke cië rɔt pɔ̈l, cië ke kɔɔr bë wët aciɛɛn lueel. Wën ciɛɛth e maguar cië dhiɔp piny në ye nyin, keka cië tim nɔŋ akëën pieth arëtic bën tïŋ. Tim e nɔŋ akëën cï maguar tïŋ, anɔŋ thok kuɔɔth moth arët. Maguar acië nyan de nyaan de bën cɔɔl në nantöŋtëi, ku lëk ke, "Lɔ ba ɣa tët akëën pieth tï, ku tïŋ rɔt në kuɔɔth apieth mɛɛnhde nyaandië."

Maguar koor acië bën lɔ ku nyueth akëën në ye thok ku le bëi të nɔŋ koon në ke muk në kɛm ke lec. Maguar cië dhiɔp acië akëën bën thuääk ku nyi amääth ku lueel, "Akëën në, acië thieei". Maguar acië akëën bën liek ke pïu lɔ keke wɛtpiny në ye nyin. Maguar acië akëën bën cam ke lɔ ke dhiɛɛu yiëëc. Aɲic maguar ke thon de cië thiɔ̈k.

Maguar koor acië bën diɛɛr ku thïïc koon në, "Yeŋö ye dhiëu maadït?" Acï maguar bën dhuk nom, "E wët cï ɣen piɔu miɛt, yen acok ɣa dhiaau." Acï maguar bën guiëër, mɛɛnhde nyan de, lueel, "Akëën ca yiën ɣa në ye köölë, arilic në yök kuka mit apɛi. Akëën në, alëu bï raan kɔɔr bë thou yiën pïïr kuka lëu bë raan cië kɔ̈c yiën riɛl. Maguar ayök akëën ke cië ye piɔu pɔ̈l lueel ye cië thiɔ̈k ke raŋ.

Maguar cië dhiɔp acië rɔt bën taŋnhial ke cië kuɔ̈l riɛl cië ke cië ya jöt. Acië bën göör ku kɛt arët abë maguar koor gäi në kë loi rɔt. Maguar acië bën tuk ke cië piɔu miɛt. Maguar acië bën cath arët ke kuany biöth yic. Acië yic bën riɛl arët bë maguar koor awuur ciɛth e koon në ke thɔ̈ɔ̈ŋ yiic.

Boŋbaar acië cuɔɔr bën thïïc, "Ca, e kë wuɔi e man në tïŋ?"
Boŋbar acië bën gäi arët në kë dɛɛi yen te mec amääth.
Boŋbaar adaai në maguar ke pol ke cië kuöl riɛl ku cië guöp pial.

Acï cuɔɔr bën lueel, "Yɛn cï e kë wuɔi e nyïn kï ë, gam."
"Wɔ cië ke wet nyïn. Akëköl kën në, acï lëu bë thök në ye thök kë! Aɲiɛc në ya piöu ke wɔ bë naŋ ke dɛɛn bï wɔ pïu dek në ye kööl ë"
Kë piööc akëköl: Kë pieth të nɔŋ maguar cië dhiɔp ku maguar ye meth, acï lëu bë piath të nɔŋ cuɔɔr ku boŋbaar. Yen e të tö, e pïïr thïn në pinynom.

34.1 Thëm de nom
34.1.1 Lɔc töŋ ye yic në ye ka cië thïïc piinykë yiic:
1) Ye läi kou jam akëkölic?
   a) E maguar cië dhiɔp, cuɔɔr, boŋbaar ku maguar koor
   b) E maguar koor, awan, cuɔɔr ku cuɔɔr
   c) E maguar cië dhiɔp, kuëi, cuɔɔr ku maguar koor
   d) E cuɔɔr, boŋbaar, maguar cië dhiɔp ku kuac
2) Yeŋö e kuëny e cuɔɔr ku boŋbaar maguar cök?
   a) Aake kɔɔr bï kë maguar tuöŋ ku cam kë
   b) Aaye kë thööŋ ke maguar bë thou ku bï kë cuet
   c) Aaye kë thööŋ ke maguar bï cɔk nöŋ ku cuet kë

d) Aaye kë thɔ̈ɔ̈ŋ ke maguar bï reu nɔ̈k ku bï kë cuet

3) Cï boŋbaar bën lueel ye lëu bï kë maguar cuet në nïn kedï të thou yen?

    a) Acië lueel ye bï kë cuet në pɛɛi

    b) Acië lueel ye bï kë cuet në pëi ke reu

    c) Acië lueel ye bï kë në nïn ke dhorou

    d) Acië lueel ye bï kë cuet në pëi ke diäk

4) Ye läi kedï jam akëkölic?

    a) Aaye läi ke diäk

    b) Aaye läi ke ŋuan

    c) Aaye läi ke dhïc

    d) Aaye läi juëc

5) Yeŋö cï maguɛɛr bën looi yɔn cï ke maguar cië dhiɔp tïŋ ke cië döŋ ciëën?

    a) Aacië bën cath arët bï kë dëëny

    b) Aacië röth bën dhuɔ̈k të wën tɔ̈ e maguar cië dhiɔp thïn

    c) Aacië bën lɔ nyuäth në maguar cië dhiɔp lɔ̈ɔ̈m

    d) Aacië bën cath amääth bï kë maguar cië cuɔ̈k nyëëŋwei

6) Cï boŋbaar bën lëk cuɔɔr ye jam maguar cië dhiɔp në rin ke ŋa?

    a) Acië bën lëk cuɔɔr ye jam maguar cië dhiɔp në rin ke cuɔɔr

    b) Acië bën lëk cuɔɔr ye jam maguar cië dhiɔp në rin ke

c) Acië bën lëk cuɔɔr ye jam maguar cië dhiɔp në rin kn

d) Acië bën lëk cuɔɔr ye jam maguar cië dhiɔp në rin ke läi kɔ̈k

7) Yeŋö cï maguar koor bën lëk maguar cië dhiɔp ago dɛɛt piɔ̈u?

a) Acië bën lueel ye muk yï piɔ̈u kɔkɔɔk, wëër acië thiɔ̈k

b) Acië bën lueel ye muk yï piɔ̈u kɔkɔɔk, të bï yïn lɔ lɔ̈ŋ acië thiɔ̈k

c) Acië bën lueel ye muk yï piɔ̈u kɔkɔɔk, të bï yïn lɔ nyuäth acië thiɔ̈k

d) Acië bën lueel ye muk yï piɔ̈u kɔkɔɔk, të bï yïn lɔ thuëëc acië thiɔ̈k

8) Yeŋö cï cuɔɔr bën looi yɔn cen kë loi rɔt tïŋ?

a) Acï cuɔɔr bën lueel ye cï kë cië tïŋ në ye nyin gam

b) Acï cuɔɔr bën lueel ye cië ke wet nyïn

c) Acï cuɔɔr bën lueel ye cï lëu bë akëköl thök ye ya

d) Keka tɔ̈ nhialkë, aaye yith kedhia

9) Ye pol de ŋö e lueel maguar cië dhiɔp ye cië ye gɔ̈ɔ̈l piny?

a) E pol de köör

b) E pol de kuac

c) E pol de boŋbaar

d) E pol de cuɔɔr

10) Yeŋö cië rɔt bën looi yɔn cen në maguar akëën thuääk

a) Acï maguar bën lueel ye cië akëën thieei

b) Maguar acië akëën bën liek ke pïu wɛtpiny në ye nyin

c) Maguar acië akëën bën cam ke dhiɛɛu yiëëc

d) Keka tö nhialkë aaye yith

11) Yeŋa e lɔ maguar cië dhiɔp tët akëën?

a) E maguar cië dhiɔp yen alɔ akëën tet ye tök

b) E maguar koor yen alɔ ye tët akëën

c) E cuɔɔr yen alɔ maguar tët akëën

d) E boŋbaar yen alɔ maguar tët akëën

12) Yeŋö cï maguar bën tïŋ yɔn ciɛɛth yen piny në ye nyin?

a) Maguar acië tim nɔŋ akëën bën tïŋ

b) Maguar acië tim cië luak bën tïŋ

c) Maguar acië maguar koor bën tïŋ

d) Maguar acië boŋbaar bën tïŋ

13) E maguar yök akëën ke cië yiëndï?

a) Maguar ayök akëën ke lueel ye cië thiɔ̈k ke raŋ

b) Maguar ayök akëën ke cië thiɔ̈k ke pïïr

c) Maguar ayök akëën ke cië thiɔ̈k ke wëër

d) Maguar ayök akëën ke cië thiɔ̈k ke maguɛɛr

14) Cië maguar cië dhiɔp akëën cï mɛɛnhde nyaande yïën ne, bën kiëët yedï?

a) Acië bën lueel yeye akëën rilic në yök

b) Acië bën lueel yeye akëën mit

c) Acië bën lueel yeye akëën lëu bë raan kɔ̈c cɔk ril

        d) Acië bën lueel yeye akëën lëu bë raan kɔɔr bë thou yiën pïïr

        e) Keka tɔ̈ nhialkë aaye yith

15) Yeŋa e cɔk maguar cië dhiɔp piɔl guɔ̈p akëkölic?

        a) E boŋbaar

        b) E maguar koor

        c) E cuɔɔr

        d) Keka tɔ̈ nhialkë aaye yith kedhia

16) Yeŋö cï maguar bën looi ɣɔn cen kuɔ̈l riɛl?

        a) Maguar acië rɔt bën taŋnhial ke cië pial

        b) Maguar acië bën göör

        c) Maguar acië bën tuk ke cië piɔ̈u miɛt

        d) Keka tɔ̈ nhialkë aaye yith

34.1.2 Dhuk e thiëc cië thïïc piinykë nhïïm:

1) Cï maguar cië dhiɔp bën dhuk ye dï ɣɔn cen në mɛɛnhde nyan de ye wɛɛi?

2) Cië cuɔɔr boŋbaar bën thiëëc yedï ɣɔn cen kë looi maguar cië dhiɔp tïŋ?

3) E cï boŋbaar lueel ye bë maguar thou naa?

4) E cï cuɔɔr lueel ye bë maguar thou nɛn?

5) Ye läi kou ŋäär akëköl?

6) Ye lën cië yiën dï yen ye cuɔɔr ŋueet?

7) Yeŋa cië ye kɔn bën tïŋ man cië maguar cië dhiɔp pial?

8) Yeŋa e cï maguar tuɔ̈c akëën?

9) Yeŋö cï cuɔɔr bën thiëc boŋbaar ɣɔn cen ye lueel ye nɔŋ rin jiɛɛm e maguar ke?

10)   Yeŋö e ye cuɔɔr looi ɣɔn biɔɔth yen maguar cök?

11) Yeŋö e ye ruääi de maguar cië dhiɔp ku maguar koor?
12) Yeŋö e yen në boŋbaar maguar kuany cök ku cï cam?
13) Yeŋö e yen në maguar cië dhiɔp biöth kuanyic arët yɔn cen kuɔ̈l riɛl?
14) Yeŋö e yen në maguar cië dhiɔp ye lueel ye cï wëër bë dööt/cooth?
15) Yeŋö e yen në maguar dhiɛɛu yiëëc?
16) Yeŋö e yen në maguar ye nom guɔ̈t piny?
17) Yeŋö piööc akëköl?

34.1.3 Yeŋö ye luɛɛl de ke wël tɔ̈ piinykë, cië man tɔ̈ ke akëkölic?

Akëën	Kɔkɔɔk
Amääth	Kou
Awuur	Kuɔɔth
Biɔɔth	Maadït
Biöth	Maguar cië dhiɔp
Boŋbaar	Maguar koor
Cuɔɔr	Nyääŋwei
Daai	Nyueth
Dɛɛi	Piath
Dhiaau	Pïïr
Dhiëëu	Pinynom
Dhiɛɛu yiëëc	Pol
Gäi	Taŋnhial
Gɔ̈ɔ̈l piny	Thɔ̈ɔ̈ŋ
Göör	Thöök
Guiëër	Thuääk
Guiir	Tuk

35.0 Akɔ̈ɔ̈n ku rɔu aake mit röth në wiën

Na ɣɔn në kööl tök, ke nhiëër acië römpiny ke akɔ̈ɔ̈n kueric. Akɔ̈ɔ̈n acië bën rel në röldït, ku lueel, "Nyai rɔt në dhöl die yic, yïn e kë niɔɔp tö në ɣa nom ë, duɔ̈k ke ɣa bë yï käc yic!" Nhiëër akën bën riɔ̈ɔ̈c në kë cï akɔ̈ɔ̈n lueel. Acië bën kɔ̈ɔ̈c të dëën wën tö yen thïn, ago akɔ̈ɔ̈n käc yic cië luɛɛlde ku bë tïŋ man bï akɔ̈ɔ̈n riöɔ̈pic. Akɔ̈ɔ̈n acië nhiëër bën naak thok ku lɔ ke lɔ.

Nhiëër acië akɔ̈ɔ̈n bën caal dhöl ku lueel, "Du go lëk akɔ̈ɔ̈n malɔu, Ɣɛn ril cië man du!" Akɔ̈ɔ̈n acië bën dɔl arët në wët cië piŋ të nɔŋ nhiëër. Nhiëër acië akɔ̈ɔ̈n bën yɔ̈ɔ̈k bë bën në kuur cök të ceŋ në miäk kë ku bë bën nyuɔ̈th riɛlde. Nhiëër acië akɔ̈ɔ̈n bën yɔ̈ɔ̈k në röldït, "Na ye wën de mathɔn ke yï bär miäk në kuur cök të ciɛŋ ku bukku röth lɔ miit në wiën wɔ yï!" Akɔ̈ɔ̈n acië kë cï nhiëër lëk ke bën piŋ apieth ku lɔ ke lɔ të dɛɛn, e ler yen thïn.

Ɣɔn në miäk kë, ke akɔ̈l kën nyin bën, ke nhiëër acië bën

kat ke lɔ kiir bë lɔ rɔ̈mpiny ke rɔu. Nhiëër acië bën rɔ̈mpiny ke rɔu, ke rɔu lɔ dhuk kiir të e cen lɔ nyuäth thïn në wal rɛɛr. Rɔu e nyuäth wakɔ̈u ku le cool kiir në pïu yiic. Acï nhiëër bën lueel, "Rɔu ajuɔ̈ɔ̈t, cï lëu bukku röth miit në wiën wɔ yï, ku bukku jal tïŋ yeŋa bë tiam në kaam da wɔ yï?"

Rɔu ajuɔ̈ɔ̈t acië bën dɔl arët në wët de dhääl cï nhiëër lëk e! Rɔu acië kë cï nhiëër lueel bën gam në piɔ̈n de ebën. Nhiëër acië wïn bäär ku ril bën bëëi bei ku lëk rɔu bë muk në ye thok agut bë cööt ku lueel, "Ɣeei, jal ku lɔ tum."

Nhiëër acië bën kɛt në kuur cök të ben akɔ̈ɔ̈n lɔ yök ke tït e yuäiyuäi. Akɔ̈ɔ̈n acië nhiëër bën tïŋ ke bɔ̈ go cɔɔl ku yöök, "Nhiëër, dɔc kë e köörë ɣɛɛn në kuur nom looi, ɣen cië gääu!" Nhiëër acië akɔ̈ɔ̈n bën yiën wiën bë dɔm. Nhiëër acië akɔ̈ɔ̈n bën yöök bë wiën muk aril ku tör. Acië akɔ̈ɔ̈n bën yöök bë wiën miit të cen cööt ye "Ɣeei jal ku lɔ tum". Rɔu atɔ̈ kiir ku akɔ̈ɔ̈n atɔ̈ në kuur nom. Ke nhiëër kën guɔ kɛt piny në kuur nom, keka cië akɔ̈ɔ̈n bën thɔ̈ɔ̈k piɔ̈u, lueel, "E ba jal tïŋ raan bë tiam në kaam da wɔ yï në ye köölë! Yïn ba miɛɛt piny në kuur nom e ŋak agut ba gam man ye ɣen ril në yïïn!"

Nhiëër acië bën kɛt piny në kuur nom ke wel ye nom kiir, të tït e rɔu ajuɔ̈ɔ̈t ye thïn. Nhiëër acië kë cï kë cië lëk akɔ̈ɔ̈n, lëk rɔu ajuɔ̈ɔ̈t wën thɛɛr. Rɔu atït bë nhiëër piŋ röl ke cöt ku bë miɛɛt kiir në kaam cït anieu de nyin. Akɔ̈ɔ̈n atït aya bë nhiëër piŋ röl ke cöt ku bë miɛɛt në kuur nom në kaam cïn gääu. Nhiëër acië bën lɔ ciɛl ku cööt, "Yeei jal ku lɔ tum." Rɔu ku akɔ̈ɔ̈n aacië röth bën miit alɔ aruɔ̈ɔ̈c. Rɔu acië akɔ̈ɔ̈n duɔ̈k bën ya miɛɛt piny në kuur nom ku yen e cɔ̈ɔ̈k akɔ̈ɔ̈n aya, acië rɔu duɔ̈k bën ya miëët bei kiir. Aacië röth bën miit në kaam bääric kuka cïn raan de kek cië ŋɛk bën luɔ̈ŋ. Nhiëër acië rɔt tääu të thöny ku jɔl daai në miët, miit e ka dït ke reu röth thïn.

Akɔ̈ɔ̈n ku rɔu aake thöŋ e riɛl den ke. Aacïn raan de kek cië ŋɛk bën luɔ̈ŋ në miët. Aacië bën kɔ̈ɔ̈c ke cïn raan de kek tiëm. Aacïkë bën gam ke nhiëër thöŋ e riɛl de ke riɛl den. Akuc akɔ̈ɔ̈n ku rɔu man ye ke, e ke mit röth. Aye ŋɛk në keek thɔ̈ɔ̈ŋ, ke ye nhiëër yen mit rɔt ke ye.

Kë piööc akëköl: Ye rɔt tiit në kɔc pel nïïm. Kɔc pel nïïm, aa lëu bï kë yï cɔk yök rɔt ke yï niɔp aago kë riɛldu luɔɔi bii bë ke kony. Ye ŋïnydu ku riɛldu nyuɔɔth në kueer pieth ku duk rɔt cɔk dhoom kɔc pel nïïm.

35.1 Thëm de nom

35.1.1 Lɔc töŋ ye yic në ye ka cië thïïc piinykë yiic:

1) Yeŋö yen e rɔu cool në pïu yiic?

    a) E bë guɔ̈p liɛɛr

    b) E bë waak në pïu

    c) E wët nhiɛɛr yen pïu

    d) E wët yen dac yal

2) Cië nhiëër bën lɔ të nɔŋ rɔu ajuɔ̈t në thaa dï?

    a) Acië bën lɔ ɣon miäk duur

    b) Acië bën lɔ ke akɔ̈l kën nyin bën

    c) A & B aaye yith

    d) Acië bën lɔ ɣon në nyaany akɔ̈l

3) E rɔu lɔ dhuk të nou ɣon rëm yen piny ke nhiëër?

    a) Alɔ dhuk rɛɛr të cen lɔ nyuäth në wal

    b) Alɔ dhuk wïïr të cen lɔ dek në pïu

    c) Alɔ dhuk kiir të cen lɔ dek

    d) Alɔ dhuk tooc të cen lɔ cuet në rec

4) Yeŋa e ŋic akɔ̈ɔ̈n ke bë tiam në kaam de ke nhiëër?

    a) Aŋic akɔ̈ɔ̈n ke yen bë tiam

b) Aŋic ke ye nhiëër yen bë tiam

c) Aŋic aköön ke cïn raan de kek bë tiam

d) Aŋïc aköön keke bë kööc

5) Yeŋa ril në kaam de läi jam akëkölic?

a) E Aköön yen aril

b) E rɔu yen aril

c) E nhiëër yen aril

d) Aköön ku rɔu aa thöŋ e riɛl den ke

6) Cië nhiëër aköön bën yök ke yïn dï

a) Acië aköön bën yök ke lɔ yuäiyuäi

b) Acië aköön bën yök ke lɔ mëërmëër

c) Acië aköön bën yök ke lɔ riäärriäär

d) Acië aköön bën ke lɔ mämmäm

7) Yeŋö cï nhiëër bën yiën aköön bë dɔm

a) Acië bën yiën wiën

b) Acië bën yiën naai

c) Acië bën yiën dääu

d) Acië bën yiën aciëwiɛi

8) Yeŋö cï rɔu bën looi yɔn cen e nhiëër ye lëk e, bï kë röth miit në wiën?

a) Rɔu ajuööt acië bën dɔl arët në wët de dhääl cï nhiëër lëk ke ku gɛm

b) Rɔu acië kë cï nhiëër lëk e, bën jäi

c) Rɔu acië nhiëër bën tɔɔnic ku le kiir

d) Acïn kë cï rɔu bën looi

9) Yeŋö cï nhiëër bën bëëi bei ɣɔn cen jam ke Rɔu?

    a) Acië wïn bäär ku kɔ̈ɔ̈c bën bëëi bei

    b) Acië wïn cek ku ril arët bën bëëi bei

    c) Acië wïn bäär ku ril bën bëëi bei

    d) Acïn kë cï nhiëër bën bëëi bei

10) Yeŋö cï nhiëër bën lëk akɔ̈ɔ̈n ɣɔn cen ye bak thok?

    a) Acië akɔ̈ɔ̈n bën yɔ̈ɔ̈k, "Du go lëk akɔ̈ɔ̈n malɔu, ɣen ril cië man du!"

    b) Nhiëër acië akɔ̈ɔ̈n bën yök bë lɔ në kuur nom të ceŋ

    c) Nhiëër acië akɔ̈ɔ̈n bën them thok bï kë röth lɔ miit në wiën

    d) Keka tɔ̈ nhialkë, aaye yith

11) Ye akɔ̈ɔ̈n nyɔ̈ɔ̈l yadï?

    a) Aye cɔl akɔ̈ɔ̈n mawär läi

    b) Aye akɔ̈ɔ̈n malɔu

    c) Aye akɔ̈ɔ̈n adït e kuäny

    d) Aye akɔ̈ɔ̈n acin tök

12) Yeŋö cï akɔ̈ɔ̈n bën looi ɣɔn cen nhiëër yök dhölic

      a) Akɔ̈ɔ̈n acië nhiëër bën rël në röldit

      b) Akɔ̈ɔ̈n acië areu bën naak thok

      c) Akɔ̈ɔ̈n acië areu bën käc yic

      d) A & B aaye yith

13) Ye läi kou jam akëkölic?

      a) E akɔ̈ɔ̈n, nyaŋ ku rɔu

      b) E rɔu, nhiëër ku akɔ̈ɔ̈n

      c) E nhiëër, akɔ̈ɔ̈n ku areu

      d) Keka tɔ̈ nhialkë aaye yith kedhia

14) E nhiëër rɔ̈mpiny ke akɔ̈ɔ̈n të nou?

      a) Aake rɔ̈mpiny kueric

      b) Aake rɔ̈mpiny dhölic

      c) Aake rɔ̈m në cäär nom

      d) A & B aaye yith

35.1.2 Dhuk e thiëc cië thïïc piiny kë nhïïm:

1) Cï nhiëër bën lëk rɔu ye bë ŋö looi ago kë mïët gɔl?

2) Cï nhiëër bën lëk akɔ̈ɔ̈n ye bë ŋö looi ago akɔ̈ɔ̈n mïët gɔl?

3) Ye läi kou jam akëkölic?

4) Ye miöör (wɛrɛɛi) ke rɔu cɔɔl yadï?

5) Yeŋa e ŋic rɔu ke bë tiäm në kaam de ke nhiëër?

6) Yeŋö ca nhiaar akëkölic?

7) Yeŋö cï akɔ̈ɔ̈n bën thiëc nhiëër ɣɔn cen ye tïŋ ke bɔ̈?

8) Yeŋö cï nhiëër bën lëk rɔu ajuɔ̈ɔ̈t ɣɔn cen yök ke ye?

9) Yeŋö cï nhiëër bën looi ɣɔn cen akɔ̈ɔ̈n ye rël në röldït?

10) Yeŋö cï nhiëër bën looi ɣɔn cen thök ke rɔu?

11) Yeŋö e tiit rɔu ɣɔn cen në nhiëër lɔ në kuur nom?

12) Yeŋö e yen ya wïn ril ku bëër yen e nhiëër lɔc?

13) Yeŋö piööc akëköl?

14) Yeŋö ye rɔu looi wakɔ̈u?

15) Yeŋö, e ŋëëth nhiëër yen ye lëk akɔ̈ɔ̈n bï kë röth lɔ miit në wiën?

16) Yeŋö cï akɔ̈ɔ̈n bën looi ɣɔn cen nhiëër ye yɔ̈ɔ̈k bï kë röth lɔ miit në wiën?

35.1.3 Yeŋö ye luɛɛl de ke wël tɔ̈ piinykë, cië man tɔ̈ ke akëkölic?

Akɔ̈ɔ̈n	Niööp
Caal	Nyuäth
Cɔɔl	Nyuɔ̈ɔ̈th
Cööt	Ɖïnydu
Dhääl	Rɔ̈mpiny
Dhöl	Rɔu
Gääu	Riɛldu
Kiir	Riööp yic
Kueer	Thɔ̈ɔ̈k piɔu

Kuur nom	Thɔ̈ɔ̈ŋ
Miit	Wakɔ̈u
Naak	Wën thɛɛr
Nhiëër	Wïën
Niɔɔp	Yöök

36.0 Tɔŋ de miëth

Na yɔn ke kuac ku aŋui aake määth. Na yɔn akäl tök keke mät bï kë lɔ yäp në tök. Në ke akäl kë, ke läi aake riliic në yök. Aacië bën yäp aabï kë dhäär. Na yɔn cï kë dhäär keke cam lën tök. Län e cï kë cam e kɛɛu. Na cï kë nɔ̈k keke jɔl piɔ̈t në ye nom. E kuur de län cï kë nɔ̈k ku cɔk, yen acɔk ke thäär. Akɔɔr raan töŋ de kek bë kɛɛu cuet ye tök.

Na thëër kë, ke ajuɔɔŋ tëëm rɔt ke cath. Ajuɔɔŋ ayäp aya. Ajuɔɔŋ acië aŋui ku kuac bën tïŋ keke thäär në lën cï kë nɔ̈k lɔ̈ɔ̈m. Kuac ku aŋui aake thäär ku ken cï kë cam arëër në ke lɔ̈m. Ajuɔɔŋ acië bën tɔ̈c ku jɔl daai në kuac ku aŋui ke cië gäi. Ajuɔɔŋ akën läi piɔ̈t në lën cï kë cam nom kɔn yök. Aŋui ku kuac aacië tɔŋ bën pɔ̈l wën cï kek ajuɔɔŋ tïŋ ke daai në keek ke cië gäi. Aŋui ku kuac aacië bën riɔ̈ɔ̈c arët në wët dɛɛi e köör në ke. Aacië ke bën lath e tïptïp wën cï kek ajuɔɔŋ tïŋ. Aŋui ku kuac aacië kë cɔk ke thäär bën tëtic ajuɔɔŋ. Na cï kë thärkë teetic, go kë ajuɔɔŋ thïïc bë luŋ den teem.

Ajuɔɔŋ acië ye röl bën tuŋ ku lieec nhial ku tɛk ye nom në kë bë lueel. Na cië thök në täk, keke thïïc keek, "Nɔŋ dët kaar kë ba looi?" Go kë dhuk ye ka cïn dët. Go ajuɔɔŋ ke thïïc, "Lëk kë ɣa të ba kac ku ba luŋ duön jal teem" Na ye piŋkë kë cï ajuɔɔŋ thïïc go kë niim riɛɛr ku piŋkë piny. Na cïk mim në kaam bääric keke beer ajuɔɔŋ ke thïïc, "Lëk kë ɣa të ba kac ku ba luk teem ɣen cië gääu" Go kë dhiac keke mim.

Aŋui ku kuac aake cië gäi në jam cït ye kënë. Aake ye röth thïïc në ke piɔ̈ɔ̈th, ye nɛn ye raan tem luk kɔn thïc në të bë kac ku bë luk jal teem. Aŋic kuac ku aŋui, ke kɛɛu koor aaka cï ke dë lëu ke diäk. Jam dït aacië rɔt bën looi në ke nïïm ku cï kë ɣëët bei në ke thook.

Na wën cï aŋui ku kuac jam, ke awan tëëm rɔt ku yök läi dït gök ke diäk keke cië tɔc në län cië thou lɔ̈ɔ̈m. Awan acië bën gäi në kë cït ye kënë. Awan akën ajuɔɔŋ, aŋui ku kuac kan yök keke cië tɔc në lën cië thou lɔ̈ɔ̈m.

Awan acië bën gäi arët ke nɔŋic riɔ̈ɔ̈c. Në ŋö awan e lën pel, acië ke bën thïïc, yeŋö loi rɔt ye we tɔc në lën cië thou lɔ̈ɔ̈m we diäk? Go ajuɔɔŋ dhuk, "Aŋui ku kuac aca ke yök keke thäär në lën cïk nɔ̈k nom guɔ gäi në keek" Agöör aŋui bë lëi cuet ye tök ku yen ye cɔ̈ɔ̈k de kuac. Aŋui ku kuac aacië ɣa thïïc ba ke tëm luk. Ke ɣa kën luk teem, keka ca ke thïïc bï kë ɣa lëk të ba kac ku ba luk jal teem ku ka kën kë bëër. Aacië mim kuka ŋuëët piny në ke riɔ̈ɔ̈p e path ku ɣen cië gääu. Na wën cië awan anyëköl piŋ të nɔŋ ajuɔɔŋ go gäi ku ŋëër ye nom nhial ke tak ye nom apieth në kë bë looi. Aŋic awan ke tɔ̈ të rac aya, të kuc yen wët bëër. Acï awan bën tak bë jam në kueer ben ajuɔɔŋ cɔk mit piɔu ago ke cuɔ̈k cam.

Awan acië kuac ku aɲui thïïc, "Yeŋö ye wek mim ku we cï bäny de läi kedhia thiëëc ba kë lëk të bë kac ku bë luk jal teem? Kuɔ̈c kë ajuɔɔŋ man yen ye bäny de läi kedhia. Kuɔ̈c kë ke yen ye bäny de läi cie thou ku läi pïr". Awan acië ye thok bën dhuɔ̈k ajuɔɔŋ ku lëk ke, "Bäny mayɔ̈ɔ̈rdït, yïn e duŋör de läi kedhia agut cië län thou. Yeen tek lëi ku ba wuɔ jal tëk wɔdhia. Ye ŋɛk në wɔɔk tëk ke thöŋ ke yäny de" Awan acië rɔt bën mat në läi thook bë tëk aya. Kuac ku aɲui aakën piɔ̈ɔ̈th bën miɛt në jam awan.

Ajuɔɔŋ acië piɔ̈u bën miɛt në jam pieth awan ku jɔl lëi tek. Ajuɔɔŋ acië rɔt bën tëk ɣäm tök në wët cen piɔ̈u miɛt në jam pieth awan. Awan acië bën cuet abë kuɛth ku liip (kuɛl) rɔt wei ke kën läi töɔ̈ŋ. Awan acië riɔ̈ɔ̈c arët yen akuɛl yen rɔt wei wën cen kuɛth. Awan aye aɲui ku kuac liaal në nyin thar wën cuët yen keke.

36.1 Thëm de nom

36.1.1 Lɔc töŋ ye yic në ye ka cië thïïc piinykë yiic:
 1) Ye lën nou yen e cï kuac ku aɲui cam?
       a) E Anyaar
       b) E Akɔ̈ɔ̈n
       c) E Kɛɛu
       d) E ŋɛɛr
 2) Yeŋö e thëër aɲui ke kuac?
       a) E wët koor e kɛɛu yen acɔk ke piɔ̈t. akɔɔr ŋɛk në ke bë kɛɛu cuet ye tök
       b) Aɲui ku kuac aanhiaar bï kë piɔ̈t në luɔ̈ɔ̈t
       c) E wët e cen e kuac acië aɲui lat yen acɔk ke piɔ̈t
       d) Aɲui ku kuac aake kën thɔ̈ɔ̈r

3) Ye lën nou cië rɔt bën tëëm ɣɔn thëër ë kuac ke aŋui?
    a) E Akɔ̈ɔ̈n yen acië rɔt bën tëëm
    b) E Anyaar yen acië rɔt bën tëëm
    c) E Ajuɔɔŋ yen acië rɔt bën tëëm
    d) E Kil yen acië rɔt bën tëëm

4) Yeŋö cï ajuɔɔŋ bën kɔn looi ɣɔn cen ye thiëëc bë luk teem?
    a) ajuɔɔŋ acië bën jäl
    b) ajuɔɔŋ acië ye röl bën tuŋ ku lieec nhial ku tɛk ye nom
    c) ajuɔŋ acië aŋui bën maŋ nom
    d) Ajuɔɔŋ acië bën dɔl arët.

5) Yeŋö cï kuac ku aŋui bën looi ɣɔn cï kek köör tïŋ?
    a) Aacië bën ŋot keke thäär
    b) Aacië tɔŋ den bën pɔ̈l
    c) Aacië bën thɔ̈ɔ̈r në köör
    d) Aacië bën kat ku wan kë köör

6) Yeŋö cï ajuɔɔŋ kɔn bën thiïc ke kën luk teem?
    a) Acï ajuɔɔŋ ke bën thiïc, "Lëk kë ya të ba kac ke ya kën luk teem"
    b) Ajuɔɔŋ acië bën cïth ku teem luk
    c) Ajuɔɔŋ acië kɛɛu bën jɔt ke mim
    d) Ajuɔɔŋ acïn kë cië bën thiïc.

7) Ye lën nou cië rɔt bën tëëm ɣɔn ŋoot ajuɔɔŋ ke jam ke kuac ku aŋui?
    a) E dhök yen acië rɔt bën tëëm
    b) E aŋau yen acië rɔt bën tëëm
    c) E Awan yen acië rɔt bën tëëm
    d) E Lony yen acië rɔt bën tëëm

8) Yeŋa cië wët bën dhuk, ɣɔn cï awan thiëc në kë loi rɔt?
    a) E Kuac
    b) E Aŋui
    c) E Köör

d) Aacië bën biɛt kedhia ke diäk
9) Ye läi kedï ke cië kɛɛu bën tek?
    a) Aaye läi ke 3
    b) Aaye läi ke 4
    c) Aaye läi ke 2
    d) Aaye läi ke 5
10) Yeŋa cië lëi bën tek?
    a) E Awan
    b) E Ajuɔɔŋ
    c) E Kuac
    d) E Aŋui
11) Cï awan bën lueel ye yeŋa ye bänyden agut cië lën cië thou?
    a) E Akɔ̈ɔ̈n
    b) E Köör
    c) E Aŋui
    d) E Kuac
12) Ye lën nou cië bën tëk lɔŋ dït?
    a) E Aŋui
    b) E Kuac
    c) E Awan
    d) E Ajuɔɔŋ

36.1.2 Dhuk e thiëc tɔu piinykë nïïm:

1) Cï awan bën lëk ajuɔɔŋ bë lëi tek yedï?
2) Cië ajuɔɔŋ lëi bën ŋiëc tek?
3) Ye läi kedï jam akëkölic? Gäär ë ke piny.
4) Ye lën nou cië cuet në kɛɛu ke cïn kë cië looi?
5) Yeŋa pel akëkölic?
6) Yeŋö ca nhiaar akëkölic?
7) Yeŋö cï ajuɔɔŋ bën tëk rɔt?
8) Yeŋö cï awan bën lëk ajuɔɔŋ?
9) Yeŋö cï awan bën thiëc kuac ku aŋui?

10) Yeŋö e yen ajuɔɔŋ kɔn thïc në të bë kac ku bë luk jal teem?
11) Yeŋö e yen awan ye nom ŋäär nhial yɔn cïn ajuɔɔŋ ye guiëër ke loi rɔt?
12) Yeŋö e yen në kuac ku aŋui biɛt yɔn cen ajuɔɔŋ ke thiëc të bë kac ku bë luk teem?
13) Yeŋö piööc akëköl?

36.1.3 Yeŋö ye luɛɛl de ke wël tɔ̈u piinykë?

Ajuɔɔŋ	"Ɖuëët piny"
Daai	Piɔ̈t
Dhiac	Rɔ̈m
Gäi	Rióöp
Köör	Riöp
Luk	Tëëm rɔt
Luŋ	Tek
Ɖäär	Thäär
Ɖëër	Thook

37.0 Tuaany de mɛɛnh aŋui

Na yɔn ke mɛɛnh aŋui acië tuaany arët. Meth acië bën ya kë thou. Aŋui acië yic bën jiɛth go lööny dhöl bë läi lɔ cɔɔl kedhia bï kë bën löŋ në mɛɛnhde.

Läi juëc aacië bën guëër paan aŋui bï kë mɛɛnh aŋui bën köc bë guɔ̈p pial. Awan mɔɔr kuäu acië bën gääu kë cï dac bën paan aŋui. Läi juëc aacië piny bën tïŋ ku cï kë awan tïŋ. Acï akɔ̈ɔ̈n malou bën lueel bë awan tiit. Awan aa nhiɛɛr läi në pɛl pel yen nom.

Awan acië bën cop në baai thok ku dɛɛi në kë looi läi paan aŋui. Aŋic awan ke ye löŋ de mɛɛnh aŋui yen e loi në ye köölë.

Aŋui acië läi bën yɔ̈ɔ̈k bë awan cuɔ̈k tit nëŋö meth aye lɔ ke niäär në kɔc cin. Läi aakën wët aŋui bën gam. Aacï kë bën lëk aŋui bë awan mɔɔr kuäu tiit agut bë cop të de löŋ. Läi aake kuc të ben e löŋ gal thïn ku yeŋa bë löŋ gɔl. Aye aŋui thɔ̈ɔ̈ŋ në ye piɔ̈u ke ye läi kedhia ke bë löŋ në mɛɛnhde bë pial.

Na wën cï awan thɔ̈ɔ̈ŋ ke läi cië tïït në kaam bääric, go jal bën baai e jäc. Läi aacië awan bën mɔ̈ɔ̈th keke cië piɔ̈ɔ̈th miɛt arët. Awan acië bën bën ku nyuuc adeet kë cië rɔt wëël.

Awan acië bën cööt në röldït, "Aŋui malek! Aŋui maŋɔl..." Go aŋui gam ku lueel, "Lëk kë ɣa wëtdu kuäudit ɣen pïŋ".

Go awan lëk aŋui, "Aŋui, meth acië tuaany arëtic ku raan bë löŋ në yeen e yïïn. Na löŋ raan dët në yeen, ke meth athou e ŋak......" Na ye kaam ɣɔn jiɛɛm awan, ke meth acië bën thöök në kɔc cin.

Awan acië aŋui bën bɛɛr cɔɔl ku lëk ke, "Aŋui, dɔc löŋ në mɛɛnhdu, meth athou"

Aŋui acië rɔt bët jot ku gɔl löŋ, "...Nhialiny de wää... Nhialiny de maa... Nhialiny de kɔc dït kuɔɔn thɛɛr..., kony mɛɛnhdï,

Apäm | 195

Ɣɛn aŋui malek, na yɔ̈k kë de raan dët ke cïë waan keka ca gɔt. Ɣɛn aŋui maŋɔl, ɣɛn koor piɔ̈u ku ɣɛn man këde raan dët. Kony mɛɛnhdï Nhialic ku yïn ba ya leec"

Awan acië rɔt bën jɔt ku guɛk, "Yiɛɛc këër kë kuäu...yen e lɔ̈ŋ bï yïn lɔ̈ŋ e kë në Aŋui?" Acï awan bën lëk aŋui, "Aŋui, na kɔɔr bë mɛɛnhdu pïïr ke yï läŋ ë apieth ku luel yic... Na ba lɔ̈ŋ e dhiäth dhiäth ka ya, ke meth adhiil rɔt në raŋic" Mɛɛnh de aŋui acië bën thöök wën thöök awan në jam.

Awan acië aŋui bën cɔɔl ku yöök, "Aŋui malek, dɔc lɔ̈ŋ apieth e man në, meth athou....Aŋui yïn ca nyuɔ̈th waai nom. Läŋë në mɛɛnhdu ku luel yic"

Aŋui acië lɔ̈ŋ bën bɛɛr piny, "...Nhialiny de wää... Nhialiny maa... Nhialiny de kɔc dït kuɔɔn thɛɛr..., kony mɛɛnhdï, Ɣɛn aŋui malek, na yɔ̈k kë de raan dët ke cïë waan keka cam. Ɣɛn aŋui maŋɔl, ɣɛn dït piɔ̈u ku ɣɛn nhiaar këde raan dët. Kony mɛɛnhdï Nhialic ku yïn ba ya leec"

Awan acië bën dɔl arët ku guɛk ..."Yiɛɛc kuäudït....Yiɛɛc kër kë kuäu, Aŋui yïn cïë lɔ̈ŋ apieth, mɛɛnhdu abë pial në nantöŋtëi" Läi kedhia aacië bën dɔl e tuŋduur wën cï kek kë cï awan lueel piŋ.

Awan acië rɔt bën kual wei amääth ku wɛɛn läi keke dal. Aŋui acië guɔ̈p bën yäär arët. Acië bën ŋuen në ye piɔ̈u kë bë awan yök të cen në läi kedhia thiäi.

Läi aacië bën thiäi ku wan kë mɛɛnhde aŋui ke cïë pial. Aŋui acië awan bën kɔɔr go awan yök ke liu.

Kë piɔ̈ɔ̈c akëköl: Luel yic, ku yic abë yï luɔ̈ny bei.

37.1 Thëm de nom

37.1.1 Lɔc töŋ ye yic në ye ka cië thïïc piinykë yiic
1) Ye rin kök ke aŋui cɔɔl yadï?
      a) Aye cɔl maŋɔl
      b) Aye cɔl malek
      c) Aye cɔl mɔrkuäu
      d) Aye cɔl manyiëël
      e) A & B aaye yith
2) Yeŋö e yen aŋui läi yöök bï kë awan cuɔ̈k tit?
      a) E wët e cï ke këëk ken awan
      b) E wët e cen në mɛɛnhde thöök
      c) E wët e cen në mɛɛnhde niäär
      d) B & C aaye yith
3) Yeŋa bec akëkölic?
      a) E wan yen abec
      b) E aŋui yen abec
      c) E mɛɛnhde awan yen atuaany
      d) E mɛɛnhde aŋui yen abec
4) Yeŋö e köör aŋui awan wën cen në läi thiäi?
      a) Aŋui akɔɔr bë jam ke awan
      b) Aŋui akɔɔr bë awan leec në löŋ pieth cië looi
      c) Aŋui akɔɔr bë awan cam në wët cen ye yääric në läi nyïn
      d) Aŋui akɔɔr bë awan that në wët cen gääu ke cï dɔc bën tëde löŋ
5) Ye lën nou cië aŋui bën yöök bë löŋ në mɛɛnhde?
      a) E köör
      b) E awan
      c) E akɔ̈ɔ̈n
      d) Aaye läi kedhia
6) Yeyï ŋa jam akëkölic?
      a) E awan yen ajam akëkölic

       b) E aŋui yen ajam akëkölic
       c) E aŋui, awan ku läi keka jam akëkölic
       d) E mɛɛnhde aŋui yen ajam akëkölic
7) Yeŋa cië läi cɔɔl akëkölic?
       a) E aŋui yen acië läi cɔɔl
       b) E awan yen acië läi cɔɔl
       c) E aköön yen acië läi cɔɔl
       d) E köör yen acië läi cɔɔl
8) Yeŋa e kɔɔr aŋui bë löŋ në mɛɛnhde në läi yiic?
       a) E aköön yen akɔɔr köör bë löŋ në mɛɛnhde
       b) E köör yen akɔɔr bë löŋ në mɛɛnhde
       c) E awan yen akɔɔr bë löŋ në mɛɛnhde
       d) Aaye läi kedhia keka kɔɔr ke bike löŋ në mɛɛnhde
9) Cië awan bën nyuc në ŋö ɣɔn cen cop paan de aŋui?
       a) Acië bën nyuc adeet
       b) Acië bën nyuc në kɔm
       c) Acië bën nyuc në biöök
       d) Acië bën nyuc athïn
10)   Yeŋö e yen në läi piööth riɛl bï kë awan tiit agut bë bën?
       a) E wët pel awan nom
       b) E wët e kuc kek të bï ke löŋ gal thïn
       c) E wët e kuc kek raan bë löŋ gɔl
       d) Keka tö nhialkë aaye yith

37.1.2 Dhuk ye thiëc cië thïïc piinykë nhïïm:

    1) Cië aŋui bën löŋ yedï tueeŋ?
    2) Cië aŋui löŋ bën gɔl yedï?
    3) Cië läi awan bën mööth yedï ɣɔn cen cop?
    4) Ye lën nou cië bën gääu ke cï dɔc lɔ paan de aŋui
    5) Ye miöör (wɛrɛɛi) ke awan cɔɔl yadï?
    6) Yeŋa cï awan bën yöök bë löŋ jɔɔk?

7) Yeŋa pel nom akëkölic?
8) Yeŋö e dɔl awan yɔn lëŋ aŋui?
9) Yeŋö e yen awan rɔt kualwei ku wɛɛn läi?
10)   Yeŋö piööc akëköl?

37.1.3 Yeŋö ye luɛɛl de kë wël tɔ̈u piinykë cië man tɔ̈ kek akëkölic?

Aŋui	Miöc
Awan	Nhial
Baai	Nhialic
cööt	Nhialiny de kuarkuɔ
Dal	Nhialiny de maa
Dɔl	Nhialiny de wää
Guak	Niäär
Gääu	Pial
Jiɛth	Röl
Läi	Röldït
Lɔ̈ŋ	Thɔ̈ɔ̈ŋ
Meth	Thiäi
mɛɛnhde	Thöök
mɛɛnhdu	Tiit

38.0 Thɔ̈rɔ̈t ku awan aake lɔ cuëër

Na yɔn ke thɔ̈röt ku awan aake määth. Na yɔn në kööl tök ke awan leer mäthde dom de nyuɔ̈m. Aye dom dït arët. Dom de nyuɔ̈m atɔ̈ në kiir lɔŋtï. Awan ku thɔ̈röt aacië kiir bën yök ke cië thiäŋ në pïu. Kiir acië thiäŋ në thiäŋ cen awan ye lëu në tëm ke cath. E thɔ̈rɔ̈t yen aluäŋ kiir në tëm ke cath në wët bëër yen kuka ŋic kuaŋ. Awan acek kuka kuc kuaŋ.

Awan ku thɔ̈rɔ̈t aacië bën mat bï kë kiir teem në tök. Awan acië bën nyuc në thɔ̈rɔ̈t kɔ̈u ku tem kë kiir. Aacië dom de nyuɔm bën yök ke cië luɔk arët. Thɔ̈rɔ̈t ku Awan aacië cäm bën gɔl në tök. Na ye kaam thiin käŋ ke awan kuɛth. Awan acië dɔc bën kuɛth në wët koor yen yäc. Thɔ̈rɔ̈t aŋot ke kën kuɛth. Awan acië thɔ̈rɔ̈t bën yɔ̈ɔ̈k, "Na ca kuɛth, ke ɣɛn ye dhiaau ku yuɔ̈p rɔt piny". Na ye kaam koor ke awan acië rɔt bën yuɔ̈p piny ku dhiɛɛu, "Guɛ! Guɛ! Guɛ!"

Thɔ̈rɔ̈t acië bën riɔ̈ɔ̈c ku lëŋ Awan nyin bë biɛt ago kɔn thök në cäm. Acï awan bën dhuk, lueel, "Mäth, na ca kuɛth ke ɣɛn ye dhiaau. Aca dï lëu ba biɛt agut ba kuɛth". Awan acië rɔt bën bɛɛr yuɔ̈p piny ku dhiɛɛu, "Guɛ! Guɛ! Guɛ!" ku miööc, "yiɛɛc këër kukuäu!" Awan Aye dhiaau ku miööc ke wel ye thok baai ago raan de dom piŋ man nɔŋ kɔc tɔ̈ domic. Thɔ̈rɔ̈t acië jal bën gäi arët në kë looi mäthde.

Na ye kaam koor ke raan de dom piŋ awan röl ke dhiaau domic. Raan de dom acië bën kɛt domic e dëm dëm bë läi cam dom de lɔ tïŋ. Awan acië raan de dom bën tïŋ nom ke bɔ̈ go kat ku wɛɛn thɔ̈rɔ̈t ke cäm. Awan akën thɔ̈rɔ̈t lëk man bɔ̈ raan de dom. Thɔ̈rɔ̈t acï raan de dom bën dɔm ku thɛt abë thööŋ. Acï raan de dom bën thööŋ ke cië thɔ̈rɔ̈t nɔ̈k. Thɔ̈rɔ̈t acië bën ɣɔ̈ɔ̈r ku jɔl rɔt thiëër wei domic. Thɔ̈rɔ̈t acië rɔt bën thaai wei domic në kaam cïn gääu ke cië riɔ̈ɔ̈c arët.

Awan acië bën cop në kiir nom ku cïn të tëm kiir. Kiir aŋot ke thiäŋ arët ku awan akuc kuaŋ. Awan acië thɔ̈rɔ̈t bën tiit në kiir nom. Na wën tïŋ awan thɔ̈rɔ̈t nom ke bɔ̈ go loor nom ke riŋ ku thiïc, "Ca poth mäth? Aca thɔ̈ɔ̈ŋ ne ɣa piɔ̈u ke yï cï raan de dom nɔ̈k" Awan acië thɔ̈rɔ̈t bën gɔ̈k në kë kën yen kat wën biï e raan de dom. Thɔ̈rɔ̈t acië ye thok bën biit ku cï nyooth man cië piɔ̈uth riääk awan guɔ̈p. Awan aŋot kë dëk ye nom kë cië wäc thɔ̈rɔ̈t.

Awan acië thɔ̈rɔ̈t bën thiïc bë yɔɔt në ye kɔ̈u ku bï kë kiir teem. Acï thɔ̈rɔ̈t bën gam bï kë kiir teem në tök ke awan. Awan acië bën yɔɔt në thɔ̈rɔ̈t kɔ̈u ku gɔl kë kiir në tëm. Na cup kë në kiir ciɛlic të put e kuëër thïn arët, go thɔ̈rɔ̈t awan yɔ̈ɔ̈k, "Mäth, na ca kuɛth, ke ɣɛn ye rony në pïu yiic ba guɔ̈p liɛɛr". Awan acië thɔ̈rɔ̈t bën lɔŋ arët bï kë kiir kɔn teem ku bë thɔ̈rɔ̈t jal bën rony në pïu yiic. Acï thɔ̈rɔ̈t bën dhuk, "Acïn të kuɔ̈ny yï mäthdië". Awan acië bën dhiaau arët ku lëŋ thɔ̈rɔ̈t bë ye kɔn tëm kiir. Thɔ̈rɔ̈t acië bën rony në kaam cït anieu de nyin. Thɔ̈rɔ̈t acië bën guat në pïu cök abë awan nyuɔɔl wei në ye kɔ̈u.

Yen acië bën ɣa mou de awan muɔɔr kuäu kan. Thɔ̈rɔ̈t acië bën tuɔ̈l ku tïŋ ka thii cït adem ke thɔ̈k e ke thɔɔr në pïu nïïm. Thɔ̈rɔ̈t acië kiir bën teem wën cen awan riɛɛc në pïu yiic. Thɔ̈rɔ̈t acië bën cath ke lɔ paan de ke mit piɔ̈u. Acï thɔ̈rɔ̈t bën lueel në ye piɔ̈u, "Ke ye raan luɔ̈i ɣa në diɛny aya guɔ̈ɔ̈r në bäŋ" Määth de thɔ̈rɔ̈t ku awan acië bën thɔ̈k e tëën.

Kë piɔ̈ɔ̈c akëköl: Kë ye looi ke rac, anɔŋ kë yen në ye dhuk nom.

38.1 Thëm de nom

13.1.1 Lɔc töŋ ye yic në ye ka tɔ̈u piinykë yiic:
1. Awan ye miöc yedï?
   a) Aye miöc, "Yiɛɛc kuäudït"
   b) Aye miöc, "Yiɛɛc këër kukuäu"
   c) Aye miöc, "Yiɛɛc kuɔɔr ku ca biöŋ thuet"
   d) Awan akën miöc
2. Yeŋa e kɔn kuɛth në kaam de thörӧt ku awan?
   a) Awan yen akɔn kuɛth
   b) E thörӧt yen akɔn kuɛth
   c) Aake kueth në tök
   d) Aake kën kuɛth
3. Ye dom de ŋö yen e cï thörӧt ku awan lɔ cuëër thïn?
   a) E dom de tɔŋpiiny
   b) E dom de anyol
   c) E dom de nyuɔ̈m
   d) E dom de rap
4. Cië raan de dom thörӧt bën looi yedï ɣɔn cen ye dɔm?
   a) Acië thörӧt bën dɔm ku thɛt abë thööŋ
   b) Acië thörӧt bën dɔm ku pël
   c) Acië thörӧt bën dɔm ku teem röl në tɔŋ
   d) Acië thörӧt bën dɔm ku duut në tim
5. Yeŋö cï thörӧt bën dhuɔ̈k awan ɣɔn cen awan ye löŋ bï kë kiir kɔn teem?
   a) Acië bën dhuk, "Acïn të kuɔ̈ny yï mäthdië"
   b) Acië bën dhuk, "Yïn ba kɔn tëm kiir mäthdië ku ba jal bën rony"
   c) Acië bën dhuk, "Yïn nhiaar ba yï kony mäthdië"
   d) Acïn kë cië bën dhuɔ̈k awan

6. Cië thɔ̈rɔ̈t awan bën yɔ̈ɔ̈k yedï ɣɔn cï ke ɣet në kiir ciɛlic?
   a) Acië bën lueel, "Na ca kuɛth, ke ɣɛn ye tɔ̈c ban nin"
   b) "Na ca kuɛth, ke ɣɛn ye rony në pïu yiic ba guɔ̈p liɛɛr".
   c) "Na ca kuɛth, ke ɣɛn ye dhiaau ku yuɔ̈p rɔt piny"
   d) Acïn kë cï thɔ̈rɔ̈t bën lëk awan
7. Yeŋö e cen thɔ̈rɔ̈t ye dɔc kuɛth?
   a) E kë koor yen yäc
   b) E wët yen cam amääth
   c) E wët yen cam e bith bith
   d) E kë dïït yen yäc
8. Yeŋö cï awan bën looi ɣɔn cen ye tïŋ ke thɔ̈rɔ̈t bɔ̈?
   a) Acië thɔ̈rɔ̈t bën loor nom ke riŋ
   b) Acië thɔ̈rɔ̈t bën tïŋ ke bɔ̈, go kɛtwei ke cië riɔ̈ɔ̈c
   c) Acië bën yɔɔt kiir bë kiir dɔc teem ke thɔ̈rɔ̈t kën cop në kiir nom
   d) Acië thɔ̈rɔ̈t bën tïŋ ke bɔ̈ go lɔ thiaan
9. Yeŋö e cɔk raan de dom dɛk ye man kual dom de yic?
   a) Atit dom dom go awan ku thɔ̈rɔ̈t tïŋ keke lɔ domic
   b) E wët e cen Awan dhiaau ku miööc ke wel ye thok baai
   c) E wët bëër e Thɔ̈rɔ̈t yen acɔk ke tïŋ e raan de dom ke
   d) E wët e cen e Thɔ̈rɔ̈t dhiaau ku kiiu yen acɔk ke piŋ raan de dom
10. Awan tem kiir yedï ɣɔn lek ke kual dom de nyuɔ̈m?
    a) Awan atem kiir ke kuaŋ

b) Awan atem kiir në riän wïïr

c) Awan atëëm ë thɔ̈rɔ̈t në ye kɔ̈u

d) Awan akën kiir teem në ŋö ace kuaŋ

11. Yeŋö e yen awan thɔ̈rɔ̈t gɔ̈k?

a) E wët e cen në Thɔ̈rɔ̈t wuɔ̈c

b) E kuny kuc awan käŋ

c) E bï thɔ̈rɔ̈t ŋic man e cië wuɔ̈c ago cië beer dhuɔ̈kic në kööl dët

d) E bë thɔ̈rɔ̈t riɔ̈ɔ̈k piɔ̈u

12. Yeŋa e kɔn raan de dom tïŋ në kaam de thɔ̈rɔ̈t ku awan?

a) E thɔ̈rɔ̈t

b) Aake cië raan de dom tïŋ kedhia

c) E awan yen kɔn raan de dom tïŋ

d) Aake kën raan de dom tïŋ kedhia

13. Cië awan thɔ̈rɔ̈t bën lɔ tiit të nou?

a) Awan acië bën lɔ baai

b) Awan acië thɔ̈rɔ̈t bën lɔ tiit në kiir nom

c) Awan acië thɔ̈rɔ̈t bën lɔ tiit në dom nom

d) Awan acië thɔ̈rɔ̈t bën lɔ tiit në tiimiic

14. Yeŋö cï thɔ̈rɔ̈t bën looi yɔn cen awan nyuɔɔlwei në ye kɔ̈u?

a) Thɔ̈rɔ̈t acië awan bën gääu bei në pïu yiic

b) Thɔ̈rɔ̈t acië kiir bën teem ku le paan de

c) Thɔ̈rɔ̈t acië bën rony në pïu yiic bë guɔ̈p liɛɛr

d) Thɔ̈rɔ̈t acië bën dek ku ler të de nyuäth

38.1.2 Dhuk ye thiëc tɔ̈u piinykë:

1) Awan ye miöc yedï?

2) Cï awan bën lëk thɔ̈rɔ̈t ye yeŋö looi të cen kuɛth?

3) Cï thɔ̈rɔ̈t bën lëk awan ye yeŋö looi të cen kuɛth?
4) Cië määth de awan ku thɔ̈rɔ̈t bën thök yedï?
5) Yeŋa cië tiam akëkölic?
6) Yeŋa pel nom në kaam de thɔ̈rɔ̈t ku awan?
7) Yeŋa piööc akëköl?
8) Yeŋö ci thɔ̈rɔ̈t bën looi yɔn cen ɣɔ̈ɔ̈r?
9) Yeŋö e cɔk awan mɔu?
10) Yeŋö e cen thɔ̈rɔ̈t ye nyuth awan man cië piɔ̈u riääk?
11) Yeŋö e yen Awan mäthde cuɔ̈k lëk man bɔ̈ raan de dom?
12) Yeŋö e yen thɔ̈rɔ̈t rony ku guɛɛt në pïu cök?
13) Yeŋö e yen thɔ̈rɔ̈t ye thok biit yɔn gëk awan ye?
14) Yeŋö piööc akëköl?
15) Yeŋö ye luɛɛl de ba rɔt "thiëërwei"?

38.1.3 Yeŋö ye luɛɛl de ke wël tɔ̈u piinykë cië man tɔ̈u kek akëkölic?

"Abë thöön"	Liɛɛr
"Adem ke thɔ̈k"	Miöc
Adɛm	Miööc
Awan	Nyuth
Bäŋ	Nyooth
ciɛlic	"Nyuɔɔl wei"
Cuëër	Nyuɔ̈m
Dieny	"Riɛɛc piny"
Dhiaau	Rony
Dhiɛɛu	Thaaiwei
"Dom de nyuɔ̈m"	That
Ɣɔ̈ɔ̈r	Thɔ̈ɔ̈ŋ

Guat	Thɔɔr
Guɛɛt	Thɔ̈rɔ̈t
Kaam	Thɛt
Kiir	"Thiëër wei"
Kual	Thöök
Kuëër	Tuɔ̈l
Kuël	Yɔ̈ɔ̈k
Kuɛth	Yɔɔt

39.0 Köör ceŋ roor de cuɔl akɔ̈l

Na yɔn keka nɔŋ roŋdït arët nhiɛɛr läi ku diɛt juëc. Ye roŋë aye cɔl roor de cuɔl akɔ̈l. Roor de cuɔl akɔ̈l atɔ̈ roŋ tueeŋ yen akɔ̈l lɔ thiith (riaar) thïn. Roor de cuɔl akɔ̈l anɔŋic wɛl pieth ku pïu pieth. Köör töŋ ril arët aceŋ roor de cuɔl akɔ̈l. E höörë, aye läi ke diäk cam në kööl tök. Köör aye lën tök cuet miäkduur ku cuet lën tök aköl ku cuet lën tök thëëi.

Na yɔn në kööl tök, ke läi aacië bën bën të nɔŋ köör bï kë bën jam në yeen. Lën tök acië jam bën gɔl "Ɣo, Bäny Mayɔ̈ɔ̈rdït, acï pieth ba ya cool në yäp roor de cuɔl akɔ̈l. Yïn bukku ya yiën lën ba cuet në në kööl thok ebën paan du."

Acï köör bën dhuk, "E yeen wët dun aca gam," dac kë ya lɔ tuɔ̈c lën ba bën cuet ye man thëi yië. Ɣen nëk cɔk. Akaar ba ya naŋ cäm dië në luɔ̈ɔ̈t! Na ca kë ya ye tuɔ̈c lën ba cuet në kööl thok ebën, ke ɣen bë ya lɔ yäp ya tök ba läi juëc kaar ke lɔ cam"

"Duk wɔ näk, bäny Mayɔ̈ɔ̈rdït. Yïn bukku ya tuɔ̈c lën ba ya cuet në kööl thok ebën."

Läi aacië ke nhïïm bën tak në lën bï köör cuet në ke yiic në ye kööl ë. E kɛɛu yen acië bën ya miëth de köör në ye kööl ë. Kuka bë köör ya tuɔ̈c lën bë cuet, në kööl thok ebën.

Läi aakën piɔ̈ɔ̈th bën miɛt amat cië ruk në kaam den në köör. Ŋɛk në keek, aacië ye nom bën ya kiëët, "Ɣo, miäk abë ya kuëër dië bë köör ɣa cam!" läi aacië bën tɔ̈ keke diɛɛr arët. Läi juëc aacië ke bën tuɔ̈c köör bë ke lɔ cuet.

Na ɣɔn në kööl tök ke kuëër (nyin) de nyancïnbiɔl bɔ̈ bï köör lɔ cuet. Nyancïnbiɔl akën piɔ̈u bën miɛt. Biɔl acië bën dɔl amääth ke gut ye nom piny! Acï biɔl bën lueel, "E kë pieth arëtic bë köör ɣa cuet!" "Duɔ̈k kë riɔ̈ɔ̈c! Köör acï ya bë cuet! Ɣen cï bë kɔn lɔ në yäny de yic e ŋak!"

Biɔl acië bën kɛt wëric ku lɔ ku yɔɔt në pïu yiic. Biɔl acië rot bën daal në tiɔ̈kic abë guɔ̈p ya riöth ke tiɔ̈k. Biɔl acië bën lɔ paan de köör ke nɔŋ guɔ̈p tiɔ̈k.

Köör acië biɔl bën tïŋ go piɔ̈u riääk. Acië bën lueel, "Ɣen cï kör në lën nɔŋ guɔ̈p acuɔl cït yï ba cuet". Acï biɔl bën dhuk, "Ɣo, bäny Mayɔ̈ɔ̈rdït, ace ɣen ye lën e ba cuet në ye kööl ë. Ɣen e bïï biɔldït të nɔŋ yïïn ba bën cuet. Wën cath ɣen dhölic ke ɣɛn cië bën rɔ̈m piny wɔ köör dët aka cië biɔl bën lööm bë lɔ cuet."

Köör acië biɔl bën thïïc ke cië gäi, "Nɔŋ köör dët ceŋ wɔ roor de cuɔl akɔ̈l wɔ ye?"

"Acï biɔl bën gam ke nɔŋ köör dët ceŋ roor de cuɔl akɔ̈l ku lueel, ye köör ë, adït kuka ril. Aya tak ke yen ril në yïïn."

Köör acië piɔ̈u bën riääk në riääkdït ku lëk biɔl, "Nyuɔ̈thë, ɣa ye köör ë."

Acï biɔl bën dhuk, "E yeen! Bä lokku të nɔŋ yeen."

Köör ku biɔl aacië bën lööny piny keke lɔ në yinhdït nom. Aacië bën cop në yith nom ku lɔ ku luit biɔl yithic ku cɔɔl köör ku lëk ye, "Köör ya lueel ka yiith, ca tïŋ?"

Köör acië yith bën luiitic. Köör acië rɔt ku biɔl bën tïŋ në pïu yiic yiith. Köör acië bën yɔɔt yiith bë köör cï tïŋ lɔ dɔm. Köör acië ye yeth bën dhoŋ. Köör akën bën bɛɛr lɔ dhuk ciëën. Yen acië bën ya thon de köör ceŋ roor de cuɔl akɔ̈l. Läi aacië nhïïm bën lääu ke cïn köör dët beer kë ya yiën lëi në kööl thok ebën. Biɔl acië luɔ̈i köör lëk läi kedhia ago kë cuɔ̈k beer ya diɛɛr.

Läi aacië piɔ̈ɔ̈th bën miɛt kedhia në thoŋpieth cï kë piŋ. Aacië bën yɔɔt nhial ku diëër kë ku lec kë biɔl në pɛl de nom de.

39.1 Thëm de nom

39.1.1 Lɔc töŋ yeyic në yeka cië thïïc piinykë yiic:

1) E köör cëŋ të nou?
    a) Köör aceŋ roor de määr akɔ̈l
    b) Köör aceŋ roor de cuɔl akɔ̈l

c) Köör aceŋ roor de riaar akɔ̈l
   d) Köör aceŋ roor de thiith akɔ̈l
2) Yeŋö e ye läi nhiëër roor ceŋ kë?
   a) Roor e ceŋ kë anɔŋ mïïth pieth
   b) Roor e ceŋ kë anɔŋic tiim pieth ku aliir pieth
   c) Roor e ceŋkë anɔŋ wɛl pieth ku pïu pieth
   d) Roor e ceŋkë anɔŋic läi juëc ku diɛt juëc
3) Yeŋö e cï köör tïŋ yiith ɣɔn luiit yen yithic?
   a) Köör acië rɔt tïŋ yiith
   b) Köör acië biɔl tïŋ yiith
   c) Köör acië rɔt ku biɔl tïŋ yiith
   d) Köör acië köör dët rɔm kek roor në tök tïŋ yiith
4) Ye lën nou pel nom akëkölic?
   a) E köör yen apel nom
   b) E kɛɛu yen apel nom
   c) E nyancïnbiɔl yen apel nom
   d) E läi kedhia keka pel nhïïm akëkölic
5) Yeŋö e cɔk läi mit piɔ̈ɔ̈th në thök de akëköl?
   a) E wët e cen në köör lööny yiith
   b) E wët e cen në köör thou
   c) E wët e cen në köör yɔɔt yiith
   d) E wët e cïn yen raan de kek bï köör bɛɛr cam
6) Yeŋö e yen në biɔl rɔt kan daal në tiɔ̈kic, ku jɔl lɔ paan de köör?
   a) E bï köör lɔ cuɔ̈k ŋic
   b) E bï köör lɔ rɛɛc bë cuɔ̈k cuet
   c) E bï köör lɔ nhiaar guɔ̈p ku dɔc cuet
   d) Biɔl akën rɔt daal në tiɔ̈kic ku ler paan de köör
7) Yeŋö e yen në biɔl köör lɛɛr bë yith lɔ luïïtic?
   a) E bë köör lɔ nyuɔ̈th köör dët ceŋ roor de cuɔl akɔ̈l
   b) E bë köör lɔ nyuɔ̈th biɔl ɣɔn cï köör dët jɔt
   c) E bë köör lɔ jäp yiith bë läi cuɔ̈k ye bɛɛr cam

d) E bë köör lɔ teem röl në yith nom
8) Ye lën nou yen e kɔn läi tuɔ̈c köör bë lɔ cuet, ɣɔn cï ke mat?
   a) E Anyaar yen akɔn tuɔ̈c köör bë lɔ cuet
   b) E miir yen akɔn tuɔ̈c köör bë lɔ cuet
   c) E thiäŋ ye akɔn tuɔ̈c köör bë lɔ cuet
   d) E kɛɛu yen akɔn tuɔ̈c köör bë lɔ cuet
9) Ye läi kedï e ke ye köör ke cuet në kööl tök ɣɔn kën e läi mat bï kë köör ya tuɔ̈c lën tök në kööl thok ebën?
   a) Köör aye läi ke ŋuan cuet në kööl tök
   b) Köör aye läi ke diäk cuet në kööl tök
   c) Köör aye läi ke reu cuet në kööl tök
   d) Köör aye läi ke dhïc cuet në kööl tök
10)   Cië biɔl bën kɛt të nou ɣɔn cen në kuëër (nyin) de bën bï köör lɔ cuet?
   a) Biɔl acië bën kɛt roor bë lɔ thiaan
   b) Biɔl acië bën kɛt kiir bë rɔt lɔ juɔɔl
   c) Biɔl acië bën kɛt në nyuɔ̈ɔ̈nic bë lɔ thiaan
   d) Biɔl acië bën kɛt wëric ku lɔ ku yɔɔt në pïu yiic

39.1.2 Dhuk ye thiëc lik tɔ̈ piiny kë cië man tɔ̈ kek akëkölic:

1) Yeŋö piööc akëköl?
2) Yeŋa ril akëkölic?
3) Yeŋö cï köör bën lueel ye bë ya looi të e läi ye tuɔ̈c lën bë cuet?
4) Yeŋö e yen në köör piɔ̈u riääk ɣɔn cen në biɔl ye lëk ye man nɔŋ köör dët ceŋ kek roor de cuɔl akɔ̈l?
5) Ye läi kou ŋäär akëköl?
6) Yeŋö e ye läi dïïr akëkölic?
7) Yeŋö e yen në biɔl köör lɛɛr në yith nom?
8) Yeŋö e yen në köör biɔl thïïc ke cië gäi ɣɔn cen rin ke köör dët piŋ në biɔl thok?

9) Yeŋö e yen në biɔl rɔt daal në tiɔ̈kic?
10)   Yeŋö e cen e läi piɔ̈ɔ̈th ye miɛt amat cï kë ruk në kaam den në köör?

39.1.3 Yeŋö ye luɛɛl de ke wël tɔ̈u piinykë?

Acuɔl	Piŋ
Biɔl	Riaar
Cuɔl	Roor
Cuet	Thiith
Daal	Thoŋpieth
Dhölic	Tiɔ̈k
Diɛɛr	Tuɔ̈c
Diëër	Yäp
Kaar	Yɔɔt
Mayɔ̈ɔ̈rdït	Yiith
Nyancïnbiɔl	Yith

40.0 Akeer ke Thoŋ de Jiëëŋ

Ae	Ee	Ii	Oo	Uu
Ww	Yy	Bb	Pp	Mm
Dd	DHdh	Tt	THth	Ll
Nn	NHnh	Ŋŋ	NYny	Rr
Kk	Gg	Ɣɣ	Cc	Jj
		Ɛɛ: Ɔɔ		

| Ää | Ëë | Ïi | Öö | Ɛ̈ɛ̈ | Ɔ̈ɔ̈ |

40.1 Kuën Akeer ke Thoŋ de Jiëëŋ

A	E	I	O	U
Akɔ̈ɔ̈n	Weŋ	Biɔl	Rok	Agumut

W	Y	B	P	M
Wut	Yiëp	Baai	Pɛɛi	Miir

N	NH	Ŋ	NY	R
Nɔk	Nhiëër	Aŋau	Nyaŋ	Rɔu

D	DH	T	TH	L
Dak	Dhiëër	Tim	Thɔ̈rɔ̈t	Lok

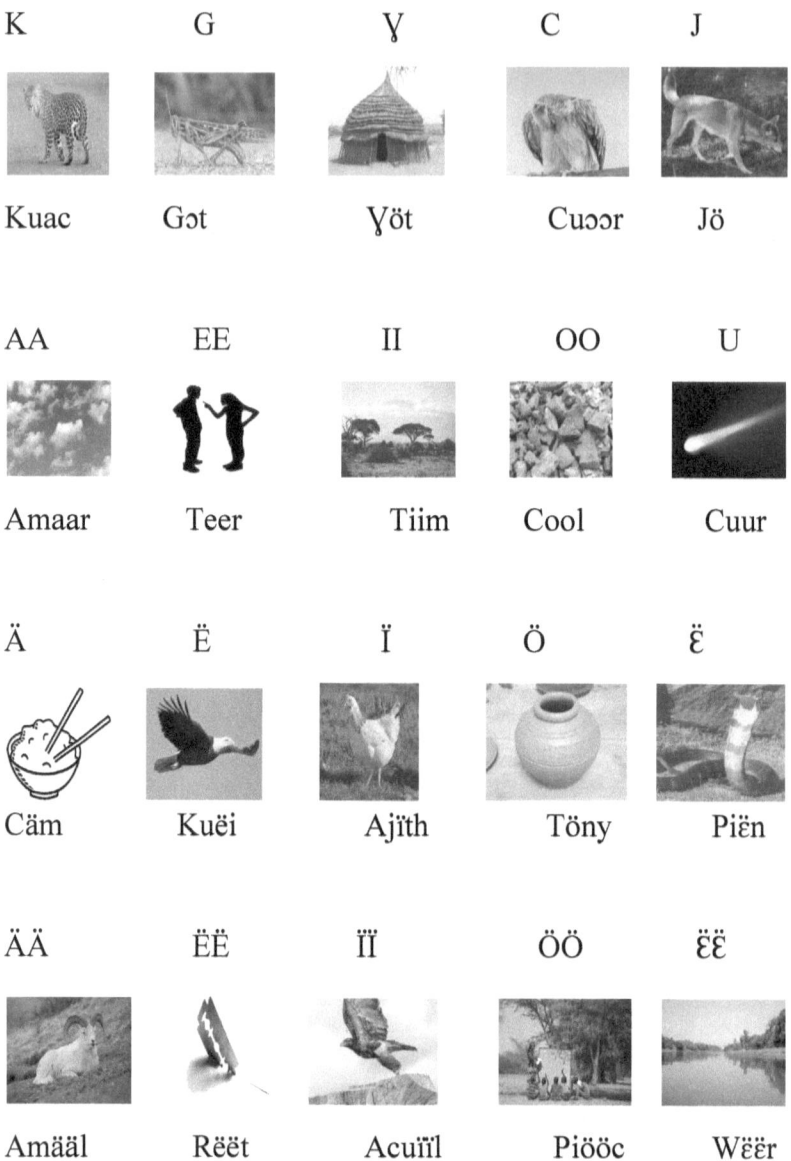

K	G	Ɣ	C	J
Kuac	Gɔt	Ɣöt	Cuɔɔr	Jö

AA	EE	II	OO	U
Amaar	Teer	Tiim	Cool	Cuur

Ä	Ë	Ï	Ö	Ɛ̈
Cäm	Kuëi	Ajïth	Töny	Pïën

ÄÄ	ËË	ÏÏ	ÖÖ	Ɛ̈Ɛ̈
Amääl	Rëët	Acuïïl	Piööc	Wëër

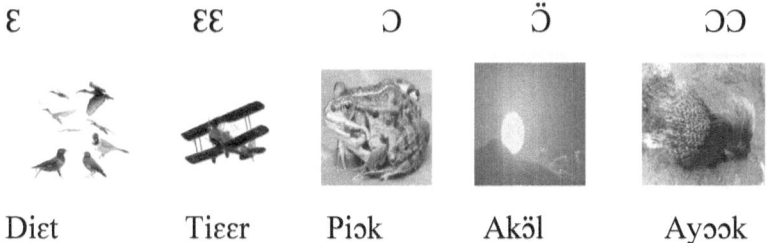

Ɛ	ƐƐ	Ɔ	Ɔ̈	ƆƆ
Diɛt	Tiɛɛr	Piɔk	Akɔ̈l	Ayɔɔk

Ɔ̈Ɔ̈

Acɔ̈ɔ̈m

41.0 Answers to multiple choices questions

2.1.1	3.1.1	4.1.1	5.1.1	6.1.1	7.1.1
1) C	1) B	1) B	1) C	1) C	1) E
2) C	2) A	2) D	2) A	2) B	2) B
3) D	3) B	3) C	3) C	3) B	3) A
4) A	4) B	4) C	4) B	4) C	4) C
5) A	5) D	5) B	5) C	5) D	5) C
6) B	6) B	6) D	6) A	6) B	6) C
7) B	7) B	7) B	7) B	7) A	7) D
8) C		8) B	8) A	8) C	8) B
9) D		9) A		9) B	9) D
10)		10)		10)	10)
					11)
					12)

						13) 14) 15)
8.1.1 1) D 2) D 3) A 4) C 5) D 6) D 7) B 8) D 9) A 10) 11) 12) 13) 14) 15)	**9.1.1** 1) A 2) D 3) E 4) A 5) A 6) B 7) C 8) A 9) C 10) 11) 12) 13) 14) 15) 16) 17) 18) 19) 20) 21) 22)	**10.1.1** 1) C 2) D 3) C 4) A 5) A 6) D 7) D 8) C 9) C 10)	**11.1.1** 1) D 2) C 3) C 4) B 5) B 6) A 7) A 8) D 9) C 10) 11) 12)	**12.1.1** 1) B 2) D 3) B 4) C 5) D 6) C 7) A 8) B 9) C 10) 11) 12) 13) 14)	**13.1.1** 1) D 2) B 3) B 4) C 5) A 6) B 7) C 8) B 9) B 10) 11) 12)
14.1.1 1) B 2) B 3) C 4) B 5) B 6) B	**15.1.1** 1) E 2) D 3) B 4) C 5) B 6) D	**16.1.1** 1) C 2) B 3) D 4) A 5) C 6) C	**17.1.1** 1) D 2) D 3) B 4) A 5) B 6) B	**18.1.1** 1) D 2) B 3) C 4) D 5) A 6) C	**19.1.1** 1) C 2) A 3) D 4) B 5) B 6) B

7) B	7) A	7) B	7) A	7) A	7) A
8) C	8) A	8) C	8) C	8) D	8) C
9) C	9) A	9) C	9) B	9) A	9) C
10)	10)	10)	10)	10)	10)
	11)				
	12)				
	13)				
	14)				
	15)				
	16)				
20.1.1	**21.1.1**	**22.1.1**	**23.1.1**	**24.1.1**	**25.1.1**
1) C	1) B	1) B	1) A	1) B	1) C
2) D	2) A	2) C	2) C	2) D	2) A
3) B	3) B	3) C	3) D	3) C	3) B
4) A	4) A	4) B	4) C	4) C	4) A
5) B	5) C	5) A	5) B	5) B	5) D
6) A	6) C	6) B	6) B	6) D	6) A
7) A	7) D	7) C	7) C	7) A	7) B
8) B	8) D	8) B	8) D	8) C	8) C
9) C	9) A	9) D	9) B	9) A	9) A
10)	10)	10)	10)	10)	10)
			11)		
			12)		
			13)		
			14)		
26.1.1	**27.1.1**	**28.1.1**	**29.1.1**	**30.1.1**	**31.1.1**
1) A	1) B	1) C	1) D	1) D	1) A
2) C	2) C	2) D	2) B	2) A	2) C
3) C	3) E	3) D	3) A	3) C	3) C
4) C	4) D	4) D	4) B	4) C	4) C
5) D	5) A	5) C	5) B	5) A	5) B
6) A	6) C	6) B	6) D	6) D	6) C

7) A 8) A 9) B 10)	7) B 8) D 9) E 10)	7) A 8) C 9) B 10) 11) 12) 13) 14)	7) B 8) C 9) B 10) 11)	7) B 8) D	7) B 8) B 9) C 10) 11) 12) 13) 14) 15)
32.1.1 1) C 2) A 3) A 4) E 5) C 6) A 7) B 8) A 9) A 10) 11) 12) 13) 14) 15) 16)	**33.1.1** 1) C 2) B 3) B 4) D 5) D 6) A 7) D 8) B 9) B 10)	**34.1.1** 1) A 2) B 3) A 4) B 5) D 6) B 7) A 8) D 9) C 10) 11) 12) 13) 14) 15) 16)	**35.1.1** 1) A 2) C 3) A 4) A 5) D 6) A 7) A 8) A 9) C 10) 11) 12) 13) 14)	**36.1.1** 1) C 2) A 3) C 4) B 5) B 6) A 7) C 8) C 9) B 10) 11) 12)	**37.1.1** 1) E 2) D 3) D 4) C 5) B 6) C 7) A 8) D 9) A 10)
38.1.1 1) B 2) A 3) C 4) A 5) A	**39.1.1** 1) B 2) C 3) C 4) C 5) B				

6) B	6) B				
7) D	7) A				
8) A	8) D				
9) B	9) B				
10)	10)				
11)					
12)					
13)					
14)					

A Note from the Publisher

The publisher wishes to acknowledge and thank Dr Douglas H. Johnson for his invaluable help and support for Africa World Books and its mission of preserving and promoting African cultural and literary traditions and history. Dr Johnson and fellow historians have been instrumental in ensuring that African people remain connected to their past and their identity. Africa World Books is proud to carry on this mission.

ISBN 978-0-6488415-3-1

© Manyang Deng

Reprinted in this format 2020

All rights reserved. No part of this publication may be reproduced, stored in a retrieval system, or transmitted, in any form, or by any means, electronic, mechanical, photocopying, recording or otherwise, without the prior permission of the publishers.

This book is sold subject to the conditions that it shall not, by way of trade or otherwise, be lent, re-sold, hired out or otherwise circulated without the publisher's prior consent in any form of binding or cover other than in which it is published and without a similar condition including the condition being imposed on the subsequent purchaser.

Africa World Books Pty. Ltd.

www.ingramcontent.com/pod-product-compliance
Lightning Source LLC
Chambersburg PA
CBHW030254010526
44107CB00053B/1714